Crear el Me

Descubre los secretos y trucos utilizados por los mejores maratonistas profesionales y entrenadores, para mejorar tu fuerza, resistencia, nutrición y fortaleza Mental

Por
Joseph Correa
Entrenador y Atleta Profesional

DERECHOS DE AUTOR

© 2015 Correa Media Group
Todos los derechos reservados.
La reproducción o traducción de cualquier parte de este trabajo, más allá de lo permitido por las secciones 107 ó 108 del Acta de Derechos de Autor de Estados Unidos de 1976, sin el permiso del dueño de los derechos de autor es ilegal.
La publicación está diseñada para proveer información precisa y fidedigna en relación con el tema tratado en cuestión. Es vendido con el entendimiento de que ni el autor, ni el editor, están dedicados a la prestación de consejos médicos.
Si se necesitase consejo o asistencia médica, consultar a un médico. Este libro está considerado como una guía y no debería ser usado en ninguna forma perjudicial para la salud. Consulte a un médico antes de comenzar para asegurarse que es apropiado para usted.

RECONOCIMIENTOS

A mi familia, por su amor y soporte incondicional durante la creación y desarrollo de este libro.

Crear el Mejor Maratonista:

Descubre los secretos y trucos utilizados por los mejores maratonistas profesionales y entrenadores, para mejorar tu fuerza, resistencia, nutrición y fortaleza Mental

Por
Joseph Correa
Entrenador y Atleta Profesional

ACERCA DEL AUTOR

Habiéndome desempeñado como atleta profesional, entiendo lo que pasa por su cabeza y lo difícil que puede ser mejorar el desempeño y llevarlo al próximo nivel.

Los tres cambios más grandes en mi vida han surgido como consecuencia de mejorar mi fuerza y acondicionamiento, aumentada flexibilidad, y **el aumento en la habilidad de concentración mediante la meditación y visualización.**

La Meditación y Visualización me han ayudado a controlar mis emociones y simular competiciones en vivo incluso antes de que sucedieran.

Agregando yoga y extensos periodos de estiramiento, han reducido mis lesiones hasta casi cero, y han mejorado mi reacción y velocidad.

Mejorando mi nutrición ha hecho más que permitirme continuar desempeñándome en mi pico máximo bajo condiciones climáticas difíciles, las cuales podrían haberme afectado en el pasado, causando calambres y tirones musculares.

La meditación y visualización van a cambiar todo por lejos, sin importar en qué disciplina atlética usted se desarrolle. Verá qué tan ponderosa es una vez que pase más y más tiempo realizándola, y dedicando un mínimo de 10 minutos al día a la respiración, pensamiento enfocado y concentración.

INTRODUCCIÓN

Para alcanzar su verdadero potencial, usted necesita estar en su punto físico y mental óptimo, y para hacer esto necesita comenzar un plan organizado que lo ayudará a desarrollar su fuerza, movilidad, nutrición y fortaleza mental. Este libro hará eso. Comer bien y entrenar duro son dos de las piezas del rompecabezas, pero necesita una tercera pieza para hacerlo suceder. Esta tercera pieza es la fortaleza mental, y puede ser obtenida mediante las técnicas de meditación y visualización enseñadas en este libro.

Este libro le proveerá lo siguiente:

- Calendarios de entrenamiento Normal y Avanzado
- Ejercicios dinámicos de calentamiento
- Ejercicios de entrenamiento de alto rendimiento
- Ejercicios de recuperación activa
- Calendario de nutrición para incrementar el músculo
- Calendario de nutrición para quemar grasas
- Recetas para desarrollar músculo
- Recetas para quemar grasas
- Técnicas avanzadas de respiración para mejorar el rendimiento
- Técnicas de meditación
- Técnicas de visualización
- Sesiones de visualización para mejorar el rendimiento

El acondicionamiento físico y entrenamiento de fuerza, nutrición inteligente, y las técnicas avanzadas de meditación/visualización, son las tres claves para alcanzar el rendimiento óptimo. A la mayoría de los atletas les faltan uno o dos de estos ingredientes fundamentales, pero tomando la decisión de cambiar, usted tendrá el potencial de alcanzar un nuevo usted "EXTREMO".

Los atletas que comiencen este plan de entrenamiento verán lo siguiente:

- Aumento del crecimiento muscular
- Niveles de estrés reducidos
- Fuerza, movilidad y reacción mejoradas
- Mejor capacidad para concentrarse por largos períodos de tiempo
- Volverse más veloz y aguantar más
- Menor fatiga muscular
- Tiempos de recuperación más rápidos luego de competir o entrenar
- Mayor flexibilidad
- Superar mejor el nerviosismo
- Mejor control de la respiración
- Control de emociones bajo presión

Tome la decisión. Haga el cambio. Haga un nuevo usted "EXTREMO".

CONTENIDOS

DERECHOS DE AUTOR

RECONOCIMIENTOS

ACERCA DEL AUTOR

INTRODUCCIÓN

CAPÍTULO 1: EJERCICIOS DE ENTRENAMIENTO DE ALTO RENDIMIENTO PARA MARATÓN
CALENDARIO NORMAL
CALENDARIO AVANZADO
EJERCICIOS DINÁMICOS DE CALENTAMIENTO
EJERCICIOS DE ENTRENAMIENTO DE ALTO RENDIMIENTO

CAPÍTULO 2: NUTRICIÓN DE MARATÓN DE ALTO RENDIMIENTO
CALENDARIO DE DESARROLLO MUSCULAR
RECETAS DE ALTO RENDIMIENTO PARA INCREMENTAR EL MÚSCULO
CALENDARIO PARA QUEMAR GRASAS
RECETAS DE ALTO RENDIMIENTO PARA QUEMAR GRASAS

CAPÍTULO 3: ¿CÓMO PUEDEN LOS ATLETAS BENEFICIARSE CON LA MEDITACIÓN?

CAPÍTULO 4: LOS MEJORES TIPOS DE MEDITACIÓN PARA EL MARATÓN

CAPÍTULO 5: CÓMO PREPARARSE PARA MEDITAR

CAPÍTULO 6: MEDITAR PARA ALCANZAR RESULTADOS MÁXIMOS DE MARATÓN

CAPÍTULO 7: TÉCNICAS DE VISUALIZACIÓN PARA RESULTADOS MEJORADOS DE MARATÓN

CAPÍTULO 8: TÉCNICAS DE VISUALIZACIÓN: VISUALIZACIONES MOTIVACIONALES

CAPÍTULO 9: TÉCNICAS DE VISUALIZACIÓN: VISUALIZACIONES PARA LA RESOLUCIÓN DE PROBLEMAS

CAPÍTULO 10: TÉCNICAS DE VISUALIZACIÓN: VISUALIZACIÓNES ORIENTADAS A OBJETIVOS

CAPÍTULO 11: TÉCNICAS DE RESPIRACIÓN PARA MAXIMIZAR LA EXPERIENCIA DE VISUALIZACIÓN Y MEJORAR EL RENDIMIENTO

COMENTARIOS FINALES

OTROS GRANDES TÍTULOS POR ESTE AUTOR

CAPÍTULO 1: EJERCICIOS DE ENTRENAMIENTO DE ALTO RENDIMIENTO PARA MARATÓN

CALENDARIO "NORMAL" DE ALTO RENDIMIENTO

NORMAL

Domingo	Lunes	Martes	Miércoles	Jueves	Viernes	Sábado
				1	2	3
4	5 División superior del cuerpo Gama	6 Recuperación activa Gama	7 División inferior del cuerpo Gama	8 División centro Gama	9 Recuperación activa Gama	10 División velocidad/explosiva
11 Recuperación activa	12 División superior del cuerpo Delta	13 Recuperación activa Delta	14 División inferior del cuerpo Delta	15 División centro Delta	16 Recuperación activa Delta	17 División velocidad/explosiva
18 Recuperación activa	19 División superior del cuerpo Gama	20 Recuperación activa Gama	21 División inferior del cuerpo Gama	22 División centro Gama	23 Recuperación activa Gama	24 División velocidad/explosiva
25 Recuperación activa	26 División superior del cuerpo Delta	27 Recuperación activa Delta	28 División inferior del cuerpo Delta	29 División centro Delta	30 Recuperación activa Delta	31 División velocidad/explosiva

INSTRUCCIONES:

CUATRO POR SEMANA

Cada semana usted completará 4 entrenamientos que se dirigen a diferentes áreas del cuerpo. Esto es para asegurar que su cuerpo esté forzado a adaptarse constantemente.

PERSONALICE SUS EJERCICIOS

Cada división (superior, inferior, centro y velocidad/explosividad) tendrá 10 ejercicios diferentes entre los cuales usted puede elegir.

MODELO PREHECHO

Usted también puede elegir seguir con nuestro calendario prehecho, para asegurarse mejorar todos los aspectos de su atletismo.

CALENDARIO "AVANZADO" DE ALTO RENDIMIENTO

AVANZADO

Domingo	Lunes	Martes	Miércoles	Jueves	Viernes	Sábado
				1	2	3
4	5 División superior del cuerpo Gama	6 Recuperación activa Gama	7 División inferior del cuerpo Gama	8 División centro Gama	9 Recuperación activa Gama	10 División velocidad/ explosiva
11 Recuperación activa	12 División superior del cuerpo Delta	13 Recuperación activa Delta	14 División inferior del cuerpo Delta	15 División centro Delta	16 Recuperación activa Delta	17 División velocidad/ explosiva
18 Recuperación activa	19 División superior del cuerpo Gama	20 Recuperación activa Gama	21 División inferior del cuerpo Gama	22 División centro Gama	23 Recuperación activa Gama	24 División velocidad/ explosiva
25 Recuperación activa	26 División superior del cuerpo Delta	27 Recuperación activa Delta	28 División inferior del cuerpo Delta	29 División centro Delta	30 Recuperación activa Delta	31 División velocidad/ explosiva

INSTRUCCIONES:

CUATRO POR SEMANA

Cada semana usted completará 4 entrenamientos que se dirigen a diferentes áreas del cuerpo. Esto es para asegurar que su cuerpo esté forzado a adaptarse constantemente.

PERSONALICE SUS EJERCICIOS

Cada división (superior, inferior, centro y velocidad/explosividad) tendrá 10 ejercicios diferentes entre los cuales usted puede elegir.

MODELO PREHECHO

Usted también puede elegir seguir con nuestro calendario prehecho, para asegurarse mejorar todos los aspectos de su atletismo.

¿CÓMO LEO EL CALENDARIO?

El primer calendario es su nivel normal de atleta y está descrito como "NORMAL". Esto es lo que debería seguir en circunstancias normales.

El Segundo calendario es la versión avanzada y está descrita como "AVANZADO". Esto es lo que usted debería seguir si decide incrementar la intensidad. Para esta versión, duplique los juegos asignados pero no el rango de repetición.

¿QUÉ SERÉ CAPAZ DE LOGRAR LUEGO DE ESTE PROGRAMA?

El propósito de este entrenamiento es mejorar todos los aspectos del rendimiento físico: fuerza, agilidad, potencia y resistencia. Como tal, es el complemento perfecto a una dieta saludable para cualquier atleta.

EJERCICIOS DINÁMICOS DE CALENTAMIENTO

Estos son un set de 4 ejercicios (fuera de los 40 ejercicios principales) que el atleta deberá completar antes de cada entrenamiento (referido como división en este libro). En los días de recuperación activa, se espera que el atleta complete estos ejercicios en combinación con una sesión moderada de cardiode 30 minutos en vez de 15.

a. **Voltear a sentada en V:** Empiece sentándose en el piso. A continuación, impúlsese hacia atrás tirando las rodillas hacia adentro así tocan su pecho (su peso debería estar en la parte de atrás ahora) con sus brazos extendidas en el suelo. Finalmente, voltee hacia adelante y extienda sus piernas hasta formar una V. Repita 15 veces.
b. **Hidrantes:** Empiece poniéndose de rodillas, palmas en el suelo a la altura de los hombros. Asegúrese de que su espalda esté derecha. Sin mover su espalda, dibuje un círculo con su rodilla, haciéndola mover hacia afuera, adelante y atrás. Repita 15 veces para cada pierna.
c. **Sentadilla y sostener:** Realice una sentadilla y sostenga en la posición inferior por 30 segundos.
d. **Estocadas hacia adelante:** Realice estocadas moviéndose hacia adelante cada vez. Repita 12 veces cada pierna (24 repeticiones en total).

EJERCICIOS DE ENTRENAMIENTO DE ALTO RENDIMIENTO

Ejercicios parte Superior del Cuerpo

Estos son los ejercicios que completará en los días marcados como "División superior del cuerpo" en su calendario.

1. Flexiones invertidas (pecho)

Cómo hacerlas:
a. Recuéstese en el piso con la cara hacia abajo y posicione sus manos a la altura de los hombros.
b. Lentamente baje hasta que su pecho esté a un puño de distancia del piso (tiempo: 3 segundos).
c. Rápidamente empújese hacia arriba (tiempo: 1 segundo).

Esquema de repetición:

***3 sets de 12 repeticiones. Cada set debería ser difícil pero no debería fallar por completo. Debería poder realizar 2-3 repeticiones luego de la 12°. Ajuste el rango de repetición hasta que se cumpla el criterio pero no cambie el número de sets.

Beneficios de salud:

+++Fuerza, ++ Flexibilidad, ++ Fortalecimiento de articulaciones

2. Flexiones diamante (tríceps, pecho)

Cómo hacerlas:
a. Recuéstese en el piso con la cara hacia abajo y posicione sus manos más estrechas que la línea del hombro.
b. Lentamente baje hasta que su pecho esté a un puño de distancia del piso.
c. Empújese hacia arriba.

Esquema de repetición:

***3 sets de 12 repeticiones. Cada set debería ser difícil pero no debería fallar por complete. Debería poder realizar 2-3 repeticiones luego de la 12°. Ajuste el rango de repetición hasta que se cumpla el criterio pero no cambie el número de sets.

Beneficios de salud:

+++Fuerza, +++ Resistencia

3. Flexiones con un brazo (tríceps, pecho)

Cómo hacerlas:
a. Recuéstese en el piso con la cara hacia abajo y posicione sus manos a la altura de los hombros.
b. Deje un brazo frente a usted y ponga el otro en la espalda.
c. Baje y empújese nuevamente hacia arriba.

Esquema de repetición:

***5 sets de 5 repeticiones. Si le resultase muy difícil, empiece con un rango de repetición menor y trabaje hasta incrementarlo. Si aún así resultase muy difícil, realice los ejercicios con sus manos en una plataforma elevada (caja, libros, etc.).

Beneficios de salud:

+++Fuerza, +++Flexibilidad, +++Explosividad

4. Elevaciones (espalda, bíceps)

Cómo hacerlas:
a. Sosténgase de la barra a la distancia de los hombros, con las palmas mirando hacia delante.
b. Mientras esté colgando, lleve su torso levemente hacia atrás, hasta formar una pequeña pendiente.
c. Eleve su torso hasta que la barra toque la porción superior del mismo, o esté próxima a hacerlo.
d. Baje y repita.

Esquema de repetición:

***3 sets de 10 repeticiones. Cada set debería ser difícil pero no debería fallar por completo. Debería poder realizar 2-3 repeticiones más luego de la 10°. Ajuste el rango de repetición hasta que se cumpla el criterio pero no cambie el número de sets.

Beneficios de salud:

+++Fuerza, +++Resistencia

5. Musculación (pecho, tríceps, espalda)

Cómo hacerlas:
a. Cuelgue de una barra con sus pulgares arriba de la misma (no alrededor).
b. Elévese como haciendo una flexión.
c. Enrolle su pecho por encima de la barra para transicionar de una posición de flexión a una de inmersión.
d. Baje y repita.

Esquema de repetición:

***5 sets de 5 repeticiones. Si le resulta muy difícil, comience con un rango de repetición menor y trabaje hasta incrementarlo. Si aun así le resulta difícil, realice 10 sets de 1 repetición para mejorar.

Beneficios de salud:

+++Fuerza, ++Agilidad

6. Inmersiones (tríceps, pecho)

Cómo hacerlas:
a. Posiciones sus manos en cada lado de la barra, para que sus brazos queden completamente extendidos y soportando su peso

   b. Baje su cuerpo doblando su codo, asegurándose de que el movimiento sea controlado.
   c. Empuje su cuerpo hacia arriba a la posición de inicio.

Esquema de repetición:

***3 sets de 15 repeticiones. Cada set debería ser difícil pero no debería fallar por completo. Debería poder realizar 2-3 repeticiones más luego de la 15°. Ajuste el rango de repetición hasta que se cumpla el criterio pero no cambie el número de sets.

7. Elevaciones en forma de L (espalda, bíceps)

Cómo hacerlas:
   a. Ubíquese en una posición de elevación normal
   b. Levante sus piernas como si hiciera un levantamiento de las mismas (deberían formar un ángulo de 90 grados con su torso)
   c. Eleve su cuerpo tanto como pueda, como en una elevación normal
   d. Baje y repita

Esquema de repetición:

***5 sets de 5 repeticiones. Si le resulta muy difícil, baje las repeticiones pero no los sets, hasta lograr los 5 sets.

Beneficios de salud:

++++ Fuerza, +++Flexibilidad, ++Resistencia

8. Elevaciones anchas(back)

Cómo hacerlas:
a. Agarre la barra más afuera de la altura de los hombros, con las palmas mirando hacia delante.
b. Mientras esté colgando, lleve su torso levemente hacia atrás, hasta formar una pequeña pendiente.
c. Eleve su torso hasta que la barra toque la porción superior del mismo, o esté próxima a hacerlo.
d. Baje y repita.

Esquema de repetición:

***3 sets de 10 repeticiones. Cada set debería ser difícil pero no debería fallar por completo. Debería poder realizar 2-3 repeticiones más luego de la 10°. Ajuste el rango de repetición hasta que se cumpla el criterio pero no cambie el número de sets.

Beneficios de salud:

+++Fuerza, +++Resistencia

Entrenamiento Delta: realice los ejercicios 1, 3, 5,8.
Entrenamiento Gama: realice los ejercicios 2, 4, 6,7.

Ejercicios parte Inferior Del cuerpo

Estos son los Ejercicios que completará en los días marcados como "División Inferior del cuerpo" en su calendario.

1. **Salo plegado (glúteos, cuádriceps)**

Como hacerlas:
a. Párese con las rodillas separadas a la altura de los hombros y levemente flexionadas.
b. Sale, llevando sus rodillas al pecho y extienda los brazos hacia arriba.

Esquema de repetición:
***3 sets de 20 repeticiones.

Beneficios de salud:

+++Fuerza explosiva, ++Flexibilidad incrementada

2. **Sentadillas de pared (glúteos, cuádriceps)**

Cómo hacerlas:
a. Posicione su espalda contra una pared
b. Agáchese/deslícese hacia abajo hasta que sus muslos queden paralelos al piso.
c. Mantenga la posición.

Esquema de repetición:
***3 sets de 120 segundos.

Beneficios de salud:

++Resistencia, +++Umbral láctico, ++Fuerza

3. Estocadas (cuádriceps)

Cómo hacerlas:
a. Párese con las piernas a la altura de los hombres.
b. Mueva su pierna derecha hacia adelante lo más posible, sin exagerarlo.
c. Flexione la rodilla izquierda hasta que esté próxima a tocar el piso
d. Vuelva a pararse
e. Repita con la pierna izquierda (flexionando la derecha)

Esquema de repetición:
***3 sets de 15 repeticiones.

Beneficios de Salud:

++Fuerza, ++Estabilidad

4. Estocadas de aire (glúteos, cuádriceps)

Cómo hacerlas:
a. Párese con sus pies separados a la altura de los hombros
b. Siéntese moviendo sus caderas hacia atrás.
c. Asegúrese de mirar hacia arriba y adelante mientras realice la estocada, y que su espalda esté derecha.
d. Vuelva a pararse con las piernas completamente extendidas.

Esquema de repetición:

***3 sets de 30 repeticiones.

Beneficios de salud:

+++Fuerza, ++Resistencia

5. Estocadas cerradas (cuádriceps)

Cómo hacerlas:

a. Párese con sus pies lo más cercanos entre sí posible, sin que se toquen.
b. Siéntese moviendo su cadera hacia atrás, con sus brazos extendidos hacia adelante.
c. Asegúrese de mirar hacia arriba y adelante mientras realice la estocada, y que su espalda esté derecha.
d. Vuelva a pararse con las piernas completamente extendidas.

Esquema de repetición:
***3 sets de 30 repeticiones.

Beneficios de salud:

+++Fuerza, ++Resistencia, ++Balance

6. Pájaro bebiendo (isquiotibiales, cuádriceps)

Cómo hacerlas:

a. Párese sobre una pierna levemente flexionad, posicionando la otra pierna hacia atrás
b. Inclínese hacia adelante hasta que su pierna de atrás quede paralela a la espalda
c. Haga esto mientras extiende sus brazos completamente hacia adelante
d. Vuelva a la posición inicial y repita

Esquema de repetición:

***10 repeticiones por pierna. Un set.

Beneficios de salud:

+++Balance, ++Resistencia

7. Elevación de pantorrilla de una pierna (pantorrillas)

Cómo hacerlas:

a. Párese sobre una plataforma con las piernas separadas a la altura de los hombros, para que su peso esté sobre la bola frontal de su pie
b. Deje una pierna sobre la plataforma y posicione la otra levemente por detrás, para que su peso recaiga sobre la parte frontal de un pie
c. Baje flexionando para contraer el músculo de la pantorrilla

Esquema de repetición:

***2 sets de 20 repeticiones por pierna.

Beneficios de salud:

+++Fuerza, ++Balance, ++Resistencia

8. Impulsos de cadera (glúteos)

Cómo hacerlas:
a. Recuéstese sobre el piso mirando hacia arriba
b. Flexione sus rodillas a 90 grados.
c. Levante su cola del piso con la ayuda de sus manos a cada lado
d. Baje y repita

Esquema de repetición:

***3 sets de 12 repeticiones. Cada set debería ser difícil pero no debería fallar por completo. Debería poder realizar 2-3 repeticiones más luego de la 12°. Ajuste el rango de repetición hasta que se cumpla el criterio pero no cambie el número de sets.

Beneficios de salud:

+++Fuerza, ++Resistencia

Entrenamiento Delta: realice los ejercicios 1, 3, 5,8
Entrenamiento Gama: realice los ejercicios 2, 4, 6,7

Ejercicios del Centro del cuerpo

Estos son ejercicios que completará en los días marcados como "División central del cuerpo" en el calendario.

1. **Plancha**

Cómo hacerlas:
a. Recuéstese en el piso mirando hacia abajo y posicione sus brazos extendidos a la altura de los hombros.
b. Asegúrese de soportar su peso con los pies y antebrazos.
c. Mantenga la posición

Esquema de repetición:

***3 sets de 120 segundos.

Beneficios de salud:

++Resistencia, +++Umbral láctico, +++Estabilidad central

2. **Giro ruso**

Cómo hacerlas:
a. Siéntese en el piso con las piernas flexionadas en las rodillas
b. Asegúrese que su torso esté erguido, para formar una V con sus muslos

c. Extienda sus brazos (sosteniendo o no una pesa) y gire su torso hacia la derecha lo más que pueda
d. Repita girando hacia la izquierda.

Esquema de repetición:

***3 sets de 20 repeticiones. Cada set debería ser difícil pero no debería fallar por completo. Debería poder realizar 2-3 repeticiones más luego de la 20°. Ajuste el rango de repetición hasta que se cumpla el criterio pero no cambie el número de sets.

Beneficios de salud:
++Fuerza, +++Estabilidad central

3. Elevaciones de pierna

Cómo hacerlas:
a. Recuéstese en el piso con sus piernas extendidas
b. Posicione sus manos a cada lado de los glúteos
c. Levante sus piernas para lograr un ángulo de 90 grados, asegurándose de tenerlas extendidas (sus manos deberían ayudarlo a mantener el balance y empujar el piso)

Esquema de repetición:

***3 sets de 20 repeticiones. Cada set debería ser difícil pero no debería fallar por completo. Debería poder realizar 2-3 repeticiones más luego de la 20°. Ajuste el rango de repetición hasta que se cumpla el criterio pero no cambie el número de sets.

Beneficios de salud:
++Fuerza, +++Estabilidad central

4. Abdominales

Cómo hacerlas:
a. Recuéstese en el piso mirando hacia arriba
b. Doble sus rodillas hasta formar un ángulo de 90 grados
c. Levante su torso lo suficiente para que los hombros no toquen el piso (no sentarse completamente).

Esquema de repetición:

***3 sets de 40 repeticiones. Cada set debería ser difícil pero no debería fallar por completo. Debería poder realizar 2-3 repeticiones más luego de la 40°. Ajuste el rango de repetición hasta que se cumpla el criterio pero no cambie el número de sets.

Beneficios de salud:
+++Resistencia, +++Estabilidad central

5. Flexiones en plancha

Cómo hacerlas:

a. Póngase en una posición de flexión
b. Baje hasta la ponerse en la primer mitad de la flexión
c. Mantenga la posición

Esquema de repetición:

***3 sets de 60 segundos. Cada set debería ser difícil pero no debería llegar a fracasar completamente. Ajuste el tiempo pero no el número de set si es necesario.

Beneficios de salud:

+++Resistencia, ++Estabilidad central

6. Molino mantenido

Cómo hacerlas:
a. Recuéstese mirando hacia arriba con sus brazos extendidos y levantar sus piernas hasta formar un ángulo de 90 grados
b. Mantenga la posición

Esquema de repetición:

***3 sets de 60 segundos.

Beneficios de salud:

+++Resistencia, +++Fuerza

7. Plancha spiderman

Cómo hacerlas:

a. Empiece desde una posición de plancha normal, con su peso en sus antebrazos y pies
b. Asegúrese de que su espalda esté derecha

c. Mueva su rodilla derecha hacia adelante, hasta tocar su codo derecho
   d. Vuelva a la posición inicial
   e. Repita con la rodilla izquierda

Esquema de repetición:

***3 sets de 10 repeticiones. Cada set debería ser difícil pero no debería fallar por completo. Debería poder realizar 2-3 repeticiones más luego de la 10°. Ajuste el rango de repetición hasta que se cumpla el criterio pero no cambie el número de sets.

Beneficios de salud:

+++Fuerza, ++Flexibilidad, ++Resistencia

8. Abdominales bicicleta

Cómo hacerlas:

   a. Recuéstese sobre su espalda con sus manos detrás de la cabeza
   b. Doble sus piernas hasta un ángulo de 90 grados
   c. Lleve su rodilla derecha hacia el codo izquierdo y tóquelo si es posible.
   d. Repita con la rodilla izquierda

Esquema de repetición:

***3 sets de 20 repeticiones. Cada set debería ser difícil pero no debería fallar por completo. Debería poder realizar 2-3 repeticiones más luego de la 20°. Ajuste el rango de repetición hasta que se cumpla el criterio pero no cambie el número de sets.

Beneficios de salud:

+++Fuerza, +++Resistencia

Entrenamiento Delta: realice los ejercicios 1, 3, 5,8
Entrenamiento Gama: realice los ejercicios 2, 4, 6,7

Ejercicios de Velocidad/Agilidad

Estos son los ejercicios que completará en los días marcados como "División velocidad/explosividad" en su calendario.

1. **Sprint de entrenamiento de alta intensidad (HIT)**

Cómo hacerlas:

La idea es realizar 8 sprints de 30 segundos a máxima intensidad, con 2 minutos de descanso entre cada sprint.

Beneficios de salud:

++Potencia, +++Recuperación, +++Velocidad

2. **Sprint en colina (HIT)**

Cómo hacerlas:

La idea es realizar 5 sprints de 10-30 segundos en una colina o superficie inclinada, con 2 minutos de descanso entre cada sprint.

Beneficios de salud:

+++Potencia, +++Velocidad

3. Hand Shuffle (core, chest, triceps)

Cómo hacerlas:
a. Póngase en una posición de flexión con las manos a la altura de los hombros
b. Mueva la mano derecha o la izquierda hacia el centro de la distancia entre hombros
c. Mueva la otra mano hacia el centro. Ahora debería encontrarse en una posición de diamante.
d. Mueva la primer mano a la altura del hombro
e. Mueva la segunda mano a la altura del hombro
f. Repita tan rápido como pueda

Esquema de repetición:

***La idea es realizar 5 sesiones de 60 segundos lo más rápido que pueda sin bajar la velocidad. El objetivo no es quedar exhausto, asique si el ejercicio es demasiado duro, baje los sets a 30 segundos para mantener la velocidad.

Beneficios de salud:

+++Velocidad, ++Agilidad, +++Coordinación

4. Saltos de una pierna (cuádriceps, pantorrillas)

Cómo hacerlas:
a. Párese con los pies a la altura de los hombros
b. Levante una rodilla, quedando parado sobre una pierna en una posición balanceada

   c. Sale hacia adelante lo más lejos posible tantas veces como dice el esquema abajo
   d. Repita con la otra pierna

Esquema de repetición:

***3 sets de 15 saltos por pierna. La idea es realizar el ejercicio lo más rápido posible, sin bajar la velocidad. El objetivo no es quedar exhausto, asique si el ejercicio es muy duro, baje las repeticiones para mantener la velocidad.

Beneficios de salud:

+++Velocidad, +++Agilidad, ++Coordinación

5. Saltos en caja (cuádriceps, glúteos)

Cómo hacerlas:
a. Párese a la altura de los hombros
b. Sale sobre la caja con ambos pies al mismo tiempo
c. Baje

Esquema de repetición:

***3 sets de 30 saltos. La idea es realizar el ejercicio lo más rápido posible, sin bajar la velocidad. El objetivo no es quedar exhausto, asique si el ejercicio es muy duro, baje las repeticiones para mantener la velocidad.

Beneficios de salud:

+++Potencia, +++Fuerza, ++Resistencia

6. Flexiones con aplausos (pechos, tríceps)

Cómo hacerlas:
a. Comience desde una posición tradicional de flexión
b. Realice la flexión pero empújese del piso lo más fuerte posible y aplauda mientras esté en el aire
c. Repita

Esquema de repetición:

***5 sets de 5 repeticiones. La idea es realizar el ejercicio lo más rápido posible, sin bajar la velocidad. El objetivo no es quedar exhausto, asique si el ejercicio es muy duro, baje las repeticiones para mantener la velocidad.

Beneficios de salud:

+++Potencia, +++Fuerza, ++Fuerza en articulaciones

7. Flexiones salo con nudillos (pecho, tríceps)

Cómo hacerlas:
a. Comience en la posición tradicional de flexión pero posicione su peso en los nudillos en vez de la mano (puño cerrado)
b. Realice la flexión pero empújese del piso lo más fuerte posible

c. Repita

Esquema de repetición:

***5 sets de 5 repeticiones. La idea es realizar el ejercicio lo más rápido posible, sin bajar la velocidad. El objetivo no es quedar exhausto, asique si el ejercicio es muy duro, baje las repeticiones para mantener la velocidad.

Beneficios de salud:

+++Fuerza en articulaciones, +++Potencia

8. Saltos en caja tardíos (cuádriceps, glúteos)

Cómo hacerlas:
a. Párese en el costado de una caja o plataforma elevada
b. Ponga el pie cercano a la caja encima de la misma
c. Empuje ese pie y sale lo más rápido posible
d. Caiga con el pie derecho encima de la caja
e. Repita con la otra pierna

Esquema de repetición:

***3 sets de 12 repeticiones. La idea es realizar el ejercicio lo más rápido posible, sin bajar la velocidad. El objetivo no es quedar exhausto, asique si el ejercicio es muy duro, baje las repeticiones para mantener la velocidad.

Beneficios de salud:

+++Fuerza, +++Agilidad

Entrenamiento Delta: realice los ejercicios 1, 3, 5,8
Entrenamiento Gama: realice los ejercicios 2, 4, 6,7

Glosario

Recuperación activa: descansar sus músculos mientras permanece activo, para que el flujo sanguíneo acelere la recuperación

Agilidad: la habilidad de ser veloz, preciso y efectivo

Coordinación: la habilidad de emplear diferentes partes del cuerpo o realizar diferentes tareas simultáneamente

Resistencia: la habilidad de producir potencia en un periodo largo de tiempo

Fracaso: esto es quedar completamente exhausto, la incapacidad de continuar

Umbral láctico: este es el punto en el que la lactosa comienza a acumularse en la sangre, lo cual produce una sensación de ardor en los músculos

Potencia: la habilidad de producir la mayor energía en el menor tiempo posible.

Fuerza: la habilidad de levantar cargas más altas por el mismo volumen de trabajo.

CAPÍTULO 2: NUTRICIÓN DE MARATÓN DE ALTO RENDIMIENTO

¿Por qué es importante la nutrición?

Para maximizar los efectos de las sesiones de entrenamiento, es importante tener una dieta balanceada mediante comidas y/o jugos o batidos. Mejorar su condición física le requerirá comer bien y no fatigarse antes de lo esperado.

¿Qué debería comer o beber antes de entrenar o competir?

Las comidas ideales pre-entrenamiento que debería consumir son: proteínas magras, carbohidratos fáciles de digerir, grasa omega, vegetales y legumbres, y agua. Estos deberían ser comidos en cantidades apropiadas dependiendo de sus necesidades calóricas.

Para ayudarlo a prepararse para competir, he incluido algunos jugos y/o batidos altos en nutrientes y proteínas, como así también comidas para hacer de su proceso digestivo una distracción menor mientras realice el entrenamiento, y para tener la mayor Cantidad de energía antes de comenzar.

Beber estos batidos 30-60 minutos antes de entrenar le dará los mejores resultados y evitará que se sienta hambriento o demasiado lleno para relajarse completamente y concentrarse en la sesión a punto de realizar.

Si no tiene tiempo de comer bien, al menos asegúrese de beber algo que nutra su cuerpo y no solo hacerlo sentirse lleno, ya que necesita enfocarse en calidad y no Cantidad cuando a comida y bebida nos referimos.

Proteína

Las proteínas magras son muy importantes para crear y reparar tejido muscular. También le ayudarán a normalizar las concentraciones hormonales en el cuerpo, lo cual le permitirá controlar su humor y temperamento. Algunas de las mejores proteínas magras que puede comer son:
- Pechuga de pavo (todo natural si es posible).
- Carne roja magra (toda natural si es posible).
- Claras de huevo
- La mayoría de los productos lácteos
- Pechuga de pollo (toda natural).
- Quínoa
- Frutos secos (todas las variedades)

Grasas omega

Las grasas omega son fáciles de obtener y muy importantes para sus funciones corporales, especialmente el cerebro. Éstas son comúnmente encontradas en:
- Salmón (Preferentemente salvaje, no criado)
- Nueces (Un snack fácil de llevar a todos lados)
- Semillas de lino (Mezcladas con cualquier batido)
- Sardinas

Se dará cuenta que sus funciones cerebrales, y salud mental general, mejorarán. Su sistema inmune debería también volverse más fuerte, lo que reducirá las chances de contraer cáncer, diabetes, y otros problemas serios de salud.

Vegetales y Legumbres

No se les da suficiente importancia a los vegetales y legumbres. Busque un vegetal que disfrute comer e incluyalo en su dieta. Esto dará frutos a medida que pasen los años. Cuando escucha gente hablando sobre lo importante que es tener una dieta balanceada, también se refieren a vegetales. Algunos de los mejores vegetales y legumbres a incluir en sus comidas diarias son:

- Tomates
- Zanahorias
- Remolacha
- Col rizada
- Espinaca
- Repollo
- Perejil
- Brócoli
- Coles de Bruselas
- Lechuga
- Rábano
- Pimientos rojo, verde y amarillo
- Pepino
- Berenjena
- Aguacate

Querrá asegurarse de tener una amplia variedad de colores, para obtener diferentes vitaminas y minerales.

Frutas

Las frutas también contienen una gran Cantidad de vitaminas, necesarias para que su cuerpo se desempeñe a máxima capacidad. Los antioxidantes ayudan a su cuerpo a recuperarse más rápido, lo que es extremadamente importante para los atletas. Asegúrese de comer muchas frutas altas en antioxidantes después de entrenar o competir. Éstas le proveerán una fuente importante de fibra dietaria, que le permite procesar la comida más fácilmente. Algunas de las mejores frutas a incluir en su dieta son:

- Manzanas (rojas y verdes)
- Naranjas
- Uvas (rojas y verdes)
- Bananas
- Pomelo (un poco agrio pero lleno de antioxidantes)
- Limones y limas (en forma de jugo mezclados con agua. Usualmente pido agua y algunas rodajas de limón cuando salgo a comer, ya que son muy Buenos antioxidantes también).
- Cerezas (naturales, no las cubiertas de azúcar).
- Mandarinas
- Sandía
- Cantalupo

Agua
El agua y la hidratación son muy importantes en el desarrollo de su cuerpo, y pueden incrementar la Cantidad de energía que tiene durante el día. Beber jugos y batidos le ayudará, pero no son substitutos del agua. La Cantidad de agua que beba dependerá en la Cantidad de entrenamiento cardiovascular que realice, y puede ser mayor que la sugerida usualmente. La mayoría de la gente debe beber al menos 8 vasos de agua por día, pero los atletas deberían beber 10-14 vasos.

Desde que empecé a llevar conmigo mi galón de agua puedo alcanzar mi objetivo de "1 galón por día", que ha mejorado mi salud significativamente.

Algunos de los beneficios que he notado, y la mayoría de la gente notará, son:
- Menos o ningún dolor de cabeza (el cerebro se hidrata más a menudo)
- Mejorada digestión
- Menos cansado durante el día
- Más energía en la mañana
- Cantidad reducida de arrugas visibles
- Menos calambres o tensión muscular (es un problema común para muchos atletas)
- Mejor concentración (esto lo beneficiará mucho cuando medite).
- Deseo reducido por dulces y aperitivos entre comidas.

CALENDARIO DE CRECIMIENTO MUSCULAR

Semana 1
Día 1:
Desayuno Madrugador
Aperitivo: Yogurt de arándanos
Hamburguesa de atún y ensalada
Aperitivo: Tomates Cherry con Queso Cottage
Bowl de Proteínas al estilo Mexicano
Día 2:
Panqueques de Limón y Arándanos
Aperitivo: Tostada con Aguacate
Kebab Picante de Filete de Ternera
Aperitivo: Manzana y Mantequilla de maní
Pescado Mediterráneo
Día 3:
Bowl Potente
Aperitivo: Yogurt con Frutas Tropicales
Pechuga de pollo rellena con arroz integral
Aperitivo: Pimiento morrón con Queso Cottage
Cena Vegana
Día 4:
Smoothie de Leche de Almendra
Aperitivo: Taza de Palomitas
Abadejo enrollado en Panceta con Papas
Aperitivo: Yogurt con fresas de Goji secas
Humus al ajo
Día 5
Yogurt Griego con Linaza y Manzana
Aperitivo: Pastel de Arroz con Mantequilla de Maní
Salmón horneado con espárragos asados
Aperitivo: Tallos de Apio con queso de cabra y aceitunas verdes

Pollo con Ensalada de Aguacate
Día 6:
Desayuno "Piza"
Aperitivo: Yogurt Griego con Fresas
Envueltos Caesar con pollo
Aperitivo: Garbanzos asados
Bacalao Caliente
Día 7:
Aros de Pimiento Morrón con Sémola Frita
Aperitivo: Mix de frutos secos
Carne de Res y Fideos de brócoli
Aperitivo: Jamón y Tallos de apio
Ensalada de Pollo y Rúcula

Semana 2
Día 1:
Magdalenas de Proteína de Suero
Aperitivo: Tostada con Aguacate
Ensalada de camarones y fideos de calabaza
Aperitivo: Manzana y Mantequilla de maní
Hamburguesa de Tofu
Día 2:
Desayuno Moca Mexicano
Aperitivo: Yogurt con Fresas de Goji Secas
Trucha con Ensalada de Papa
Aperitivo: Taza de Palomitas
Pollo con Ananá y Pimientos
Día 3:
Salmón Ahumado y Tostada con Aguacate
Aperitivo: Tomates Cherry con Queso Cottage
Pollo Especiado
Aperitivo: Yogurt de arándanos

Setas a la plancha y Hamburguesa de Calabaza
Día 4:
Smoothie de Fruta y Mantequilla de maní
Aperitivo: Garbanzos asados
Chile de Frijoles Mexicanos
Aperitivo: Yogurt Griego con Fresas
Pollo Agridulce
Día 5:
Revuelto Repleto de Proteínas
Aperitivo: Pimiento Morrón con Queso Cottage
Pastel de carne de Pavo con Cuscús de trigo Integral
Aperitivo: Yogurt con Fruta Tropical
Rodaballo con Mostaza de Dijon
Día 6:
Panqueques Proteicos de Pastel de Calabaza
Aperitivo: Jamón y Tallos de Apio
Arroz Mediterráneo
Aperitivo: Mix de Frutos Secos
Fusión de atún
Día 7:
Pimientos Rellenos de Atún
Aperitivo: Tallos de Apio con Queso Cabra y Aceitunas Verdes
Pasta con espinaca y albóndigas de Ternera
Aperitivo: Pastel de Arroz con Mantequilla de Maní
Bowl de Sushi

Semana 3
Día 1:
Avena Alta en Proteínas
Aperitivo: Taza de Palomitas
Huevos Rellenos con Pan de Pita
Aperitivo: Manzana y Mantequilla de Maní

Bandeja de pollo Horneado

Día 2:

Desayuno Madrugador
Aperitivo: Tostada con Aguacate
Fideos de Brócoli y Carne de Res
Aperitivo: Yogurt con Fresas de Goji secas
Humus al Ajo

Día 3:

Bowl Poderoso
Aperitivo: Yogurt Griego con Fresas
Envueltos Caesar con Pollo
Aperitivo: Tomates Cherry con Queso de Cabra
Pescado Mediterráneo

Día 4:

Panqueques de Limón y Arándanos
Aperitivo: Garbanzos tostados
Salmon Horneado con Espárragos Asados
Aperitivo: Yogurt de Arándanos
Ensalada de Pollo y Rúcula

Día 5:

Yogurt Griego con Linaza y Manzana
Aperitivo: Jamón y Tallos de Apio
Hamburguesa de atún y Ensalada
Aperitivo: Yogurt con Frutos Tropicales
Pollo con Ensalada de Aguacate

Día 6:

Aros de Pimientos con Sémola Frita
Aperitivo: Pimientos con Queso Cottage
Pechuga de Pollo Rellena con Arroz integral
Aperitivo: Mix de frutos secos
Bacalao Caliente

Día 7:
Smoothie de Leche de Almendras
Aperitivo: Pastel de Arroz con Mantequilla de maní
Kebabs Picantes de Filete de Ternera
Aperitivo: Tallos de Apio con Queso Cabra y Aceitunas Verdes
Bowl Proteico Estilo Mexicano

Semana 4
Día 1:
Desayuno "Piza"
Aperitivo: Yogurt Griego con Fresas
Abadejo Envuelto en Panceta con Papas
Aperitivo: Taza de Palomitas
Cena Vegana
Día 2:
Desayuno Moca Mexicano
Aperitivo: Tomates Cherry con Queso Cottage
Arroz Mediterráneo
Aperitivo: Manzana y Mantequilla de Maní
Setas a la plancha y Hamburguesa de Calabaza
Día 3:
Smoothie de Fruta Y Mantequilla de Maní
Aperitivo: Tostada con Aguacate
Ensalada de camarones y fideos de calabaza
Aperitivo: Yogurt de Arándanos
Pollo Agridulce
Día 4:
Panqueques Proteicos de Pastel de Calabaza
Aperitivo: Yogurt con Fresas de Goji secas
Pollo Especiado
Aperitivo: Garbanzos tostados
Rodaballo con Mostaza de Dijon

Día 5:
Salmón Ahumado y Tostada con Aguacate
Aperitivo: Jamón y Tallos de Apio
Pasta con Espinaca y Albóndigas de Ternera
Aperitivo: Mix de Frutos Secos
Hamburguesa de Tofu

Día 6:
Avena Alta en Proteínas
Aperitivo: Pimientos con Queso Cottage
Chile de Frijoles Mexicanos
Aperitivo: Yogurt con Frutas Tropicales
Bowl de Sushi

Día 7:
Revuelto Repleto de Proteínas
Aperitivo: Pastel de Arroz con Mantequilla de Maní
Trucha con Ensalada de Papa
Aperitivo: Yogurt Griego con Fresas
Bandeja de Pollo Horneado

2 días extras para un mes entero:
Día 1:
Magdalenas de Proteína de Suero
Aperitivo: Tallos de Apio con Queso Cabra y Aceitunas Verdes
Pastel de carne de Pavo con Cuscús de trigo Integral
Aperitivo: Manzana y Mantequilla de Maní
Fusión de Atún

Día 2:
Pimientos Rellenos de Atún
Aperitivo: Yogurt de Arándanos
Huevos Rellenos con Pan Pita
Aperitivo: Mix de Frutos Secos
Pollo con Ananá y Pimientos

RECETAS DE ALTO RENDIMIENTO PARA INCREMENTAR EL MÚSCULO

Desayuno
1. Desayuno Madrugador

Ajuste su cuerpo fuera de un estado catabólico y a uno de desarrollo muscular con este desayuno alto en proteínas y carbohidratos cocido al horno. El pomelo y los espárragos le asegurarán más de la mitad de la vitamina C necesaria por día.

Ingredientes (1 porción):
6 claras de huevo
½ taza mix de Quínoa cocida y Arroz integral
3 espárragos, rebanados
½ pomelo rosado
1 pimiento morrón pequeño, rebanado
1 cuchara polvo de proteína de suero sin sabor
1 diente de ajo aplastado
Spray de aceite de oliva
Pimienta, sal

Tiempo de Preparación: 10 min
Tiempo de Cocción: 15-20 min

Preparación:
Precalentar el horno a 200°. Rociar con aceite de oliva una sartén de hierro.
En un bowl mediano, batir las claras de huevo con un poco de sal y pimienta hasta que quede espumoso.

Agregar el arroz integral cocido y la quínoa a la sartén; verter las claras de huevo y luego las piezas de espárragos y las rebanadas de pimiento morrón.

Cocinar en el horno por 15-20 minutos o hasta que los huevos estén cocidos.

Valor nutricional por porción: 407kcal, 52g proteína, 40g carbohidratos (5g fibra, 8g azúcar), 2g grasas, 15% calcio, 12% hierro, 19% magnesio, 26% vitamina A, 63% vitamina C, 48% vitamina K, 12% vitamina B1, 69% vitamina B2, 26% vitamina B9.

2. Bowl Potente

Un desayuno con un nombre apropiado, el bowl potente combina grandes cantidad es de proteína en las claras de huevo con el estímulo enérgico de la avena. Las nueces agregan grasas saludables y la miel completa con un poco de dulzor.

Ingredientes (1 porción):
6 claras de huevo
½ taza de avena instantánea cocida
1/8 taza de nueces
¼ taza bayas
1 cucharadita de miel cruda
Canela

Tiempo de Preparación: 10 min
Tiempo de Cocción: 5 min

Preparación:
Batir las claras de huevo hasta que estén espumosas y luego cocinarlas en una sartén a baja temperatura.
Combinar la avena y las claras de huevo en un bowl; agregar la canela y la miel, y mezclar.
Rematar con bayas, banana y nueces.

Valor nutricional por porción: 344kcal, 30g proteína, 33g carbohidratos (3g fibra, 23g azúcar), 11g grasas (2 saturadas), 10% hierro, 15% magnesio, 10% vitamina B1, 11% vitamina B2, 15% vitamina B5.

3. Pimientos Rellenos de Atún

Esta es una receta rápida y nutritiva que provee una gran Cantidad de B12. Alto en proteínas, el atún es una opción de desayuno excelente para el desarrollo muscular. Si quiere agregar algunos carbohidratos, una gran elección es una pieza de tostada de trigo.

Ingredientes (2 porciones):

2 latas de atún en agua (185g)

3 huevos duros

1 cebolla

5 encurtidos en cubos

Sal, Pimienta

4 Pimientos, cortados al medio, sin semillas

Tiempo de Preparación: 5 min

Tiempo de Cocción: 10 min

Preparación:

Combinar el atún, huevos, cebolla, encurtidos y el aderezo en una procesadora y mezclar hasta que quede homogéneo.

Rellenar las mitades de los Pimientos con la mezcla y servir.

Valor nutricional por porción: 480kcal, 46g proteína, 16g grasas (4g saturadas), 8g carbohidratos (2g fibra, 4g azúcar), 28% magnesio, 94% vitamina A, 400% vitamina C, 12% vitamina E, 67% vitamina K, 18% vitamina B1, 32% vitamina B2,

90% vitamina B3, 20% vitamina B5, 56% vitamina B6, 18% vitamina B9, 284% vitamina B12.

4. Yogurt Griego con Linaza y Manzana

Diversifíquese del desayuno tradicional de claras de huevo y pruebe un poco de Yogurt griego alto en proteína sazonado con manzana. Use linaza para maximizar su ingesta de fibra y déjela en remojo por la noche para ablandarla y facilitar la digestión.

Ingredientes (1 porción):
1 taza yogurt Griego
1 manzana finamente rebanada
2 cucharadas linaza
¼ cucharadita canela
1 cucharadita de Stevia
Una pizca de sal

Tiempo de Preparación: 5 min
Tiempo de Cocción: 45 min

Preparación:
Precalentar el horno a 190°C. Poner las rebanadas de manzana en una sartén antiadherente, rociarlas con canela, Stevia y un poco de sal, cubrirlas y cocinar por 45 minutos. Removerlas del horno y dejar enfriar por 30 minutos.
Poner el yogurt griego en un bowl y luego poner las manzanas y la linaza por encima, y servir.

Valor nutricional por porción: 422kcal, 22g proteína, 39g carbohidratos (7g fibra, 22 g azúcar), 21g grasas (8 g saturadas), 14% calcio, 22% magnesio, 14% vitamina C, 24% vitamina B1, 13% vitamina B12.

5. Anillos de Pimientos con Sémola Frita

Una comida sabrosa y vistosa, los anillos de pimiento con sémola frita estimulan sus músculos y le dan la suficiente energía para potenciarlo durante el día. Lleno de color y nutrientes, este desayuno es alto en Vitamina B1.

Ingredientes (1 porción):
6 claras de huevo
2 huevos
¼ taza de arroz integral
1 taza de espinaca cruda
½ Pimiento verde
1 taza de tomates cherry
Spray de aceite de oliva
Sal, Pimienta

Tiempo de Preparación: 10 min
Tiempo de Cocción: 15 min

Preparación:
Batir las claras de huevo con un poco de sal y pimienta hasta que quede espumosa. Calentar un poco de aceite en una freidora antiadherente y cocinar las claras y el arroz integral. Agregar la espinaca, mezclar y cocinar hasta que la espinaca haya marchitado.
Rociar una sartén con aceite de oliva y poner a fuego medio. Cortar los pimientos horizontalmente para crear 2 anillos, ponerlos en la sartén y partir los huevos dentro de los pimientos. Dejarlos cocinar hasta que el huevo se vuelva blanco.

Poner la mezcla de huevo, arroz y anillos de pimiento en un plato y servir con tomates cherry.

Valor nutricional por porción: 495kcal, 45g proteína, 45g carbohidratos (3g fibra, 7g azúcar), 11g grasas (3g saturadas), 9% calcio, 14% hierro, 20% magnesio, 35% vitamina A, 32% vitamina C, 91% vitamina B2, 22% vitamina B5, 12% vitamina B6, 15% vitamina B12.

6. Smoothie de Leche de Almendra

Solo necesitará de 10 minutos para realizar este Smoothie rico en Vitamina D y B1. Puede hacer mucho y dejarlo en el refrigerador, haciendo de este Smoothie una perfecta opción para un desayuno rápido.

Ingredientes (2 porciones):
1 taza de leche de almendra
1 taza de mix de bayas congeladas
1 taza de espinaca
1 cuchara polvo proteico sabor banana
1 cucharada de semillas de chía

Tiempo de Preparación: 10 min
Sin cocción

Preparación:
Mezclar todos los ingredientes en una licuadora hasta obtener una mezcla homogénea. Verter en 2 vasos y servir.

Valor nutricional por porción: 295kcal, 26g proteína, 32g carbohidratos (4g fibra, 13g azúcar), 9g grasas, 40% calcio, 20% hierro, 12% magnesio, 50% vitamina A, 40% vitamina C, 25% vitamina D, 57% vitamina E, 213% vitamina B1, 18% vitamina B9.

7. Panqueques Proteicos de Pastel de Calabaza

Olvídese de la harina y pruebe panqueques de avena con una deliciosa adhesión de calabaza. Bañe con un poco de jarabe sin calorías y disfrute un desayuno alto en proteínas que sabe tan bien como una comida tramposa.

Ingredientes (1 porción):
1/3 taza de avena
¼ taza de calabaza
½ taza claras de huevo
1 cuchara polvo proteico de canela
½ cucharadita canela
Spray de aceite de oliva

Tiempo de Preparación: 5 min
Tiempo de Cocción: 5 min

Preparación:
Mezclar todos los ingredientes juntos en un bowl. Rociar una sartén mediana con aceite de oliva y poner a fuego medio.
Verter la mezcla, y una vez que vea burbujas pequeñas aparecer sobre el panqueque, dar vuelta. Cuando ambas caras estén doradas, retirar y servir

Valor nutricional por porción: 335kcal, 39g proteína, 37g carbohidratos (6g fibra, 1 g azúcar), 6g grasas, 14% calcio, 15% hierro, 26% magnesio, 60% vitamina A, 26% vitamina B1, 37% vitamina B2, 10% vitamina B5, 31% vitamina B6.

8. Harina de Avena alta en Proteína

Enlácese en una abundante ración de carbohidratos que lo mantendrá saciado por horas, mientras el polvo proteico y las almendras le darán un comienzo de día lleno de proteína. Si prefiere su avena con un sabor frutal, use polvo sabor banana.

Ingredientes (1 porción):
2 paquetes de avena instantánea (paquetes de 28g)
¼ taza de almendras molidas
1 cucharada polvo de suero proteico sabor vainilla
1 cucharada canela

Tiempo de Preparación: 5 min
Tiempo de Cocción: 5 min

Preparación:
Verter la avena en un bowl, mezclar con el polvo proteico y la canela. Agregar agua caliente y mezclar. Completar con almendras molidas y servir.

Valor nutricional por porción: 436kcal, 33g proteína, 45g carbohidratos (10g fibra, 4g azúcar), 15g grasas (1g saturadas), 17% calcio, 19% hierro, 37% magnesio, 44% vitamina E, 21% vitamina B1, 21% vitamina B2.

9. Revuelto Repleto de Proteína

Alimente sus músculos y empújese a través de un entrenamiento avanzado con esta comida de 51g de proteína. Estas claras de huevo revueltas con vegetales y salchicha de pavo tienen el valor agregado de estar repletas de carbohidratos y altos niveles generales de vitaminas.

Ingredientes (1 porción):
8 claras de huevo
2 salchichas de pavo
1 cebolla grande, cortada
1 taza de pimientos rojos
2 tomates en cubos
2 tazas de espinaca cortada
1 cucharadita aceite de oliva
Sal and Pimienta

Tiempo de Preparación: 10 min
Tiempo de Cocción: 10-15 min

Preparación:
Batir las claras de huevo con un poco de sal y pimienta hasta que estén espumosas, y luego dejar a un lado.
Calentar el aceite en una olla grande antiadherente, agregar las cebollas y pimientos y cocinar hasta que se ablanden. Sazonar con sal y pimienta. Agregar las salchichas de pavo y cocinar hasta que estén doradas, y luego bajar el fuego, agregar las claras y revolver.
Cuando los huevos estén casi listos, agregar el tomate y la espinaca, y cocinar por 2 minutos. Servir.

Valor nutricional por porción: 475kcal, 51g proteína, 37g carbohidratos (10g fibra, 18g azúcar), 10g grasas (2g saturadas), 14% calcio, 23% hierro, 37% magnesio, 255% vitamina A, 516% vitamina C, 25% vitamina E, 397% vitamina K, 22% vitamina B1, 112% vitamina B2, 29% vitamina B3, 19% vitamina B5, 51% vitamina B6, 65% vitamina B9.

10. Smoothie de Frutas y Mantequilla de Maní

¿Qué mejor para llenar su día de calcio que con un Smoothie de frutilla? Alto en minerales, vitaminas, proteínas y carbohidratos, este Smoothie es una forma perfecta para empezar su día de un empujón.

Ingredientes (1 porción):
15 frutillas medianas
1 1/3 cucharadas de mantequilla de maní
85g tofu
½ taza yogurt sin grasas
¾ taza leche descremada
1 cuchara polvo de proteína
8 cubos de hielo

Tiempo de Preparación: 5min
Sin cocción

Preparación:
Verter la leche en la licuadora, luego el yogurt y el resto de los ingredientes. Mezclar hasta que sea espumosa y homogénea. Servir en un vaso.

Valor nutricional por porción: 472kcal, 45g proteína, 40g carbohidratos (6g fibra, 31g azúcar), 13g grasas (4g saturadas), 110% calcio, 35% hierro, 27% magnesio, 30% vitamina A, 190% vitamina C, 11% vitamina E, 13% vitamina B1, 24% vitamina B2, 10% vitamina B5, 18% vitamina B6, 17% vitamina B9, 12% vitamina B12.

11. Magdalenas de Proteína de Suero

Con una dosis saludable de avena y un poco de polvo de proteína de chocolate, estas magdalenas son un gran desayuno alternativo a la avena tradicional. Junto a un vaso de leche, esta comida se asegura de que tenga una buena cantidad de calcio y vitamina D para complementar a la porción de proteínas y carbohidratos.

Ingredientes (4 magdalenas-2 porciones):
1 taza de copos de avena
1 huevo grande
5 claras de huevo
½ cuchara polvo de proteína de chocolate
Spray de aceite de oliva
2 tazas de leche descremada

Tiempo de Preparación: 2 min
Tiempo de Cocción: 15 min

Preparación:
Precalentar el horno a 190°.
Mezclar todos los ingredientes por 30 segundos. Rociar el molde de magdalenas con aceite de oliva y rellenar cuatro. Poner en el horno por 15 minutos.
Remover del horno, dejarlos enfriar y servir con el vaso de leche.

Valor nutricional por porción (incluye leche): 330kcal, 28g proteína, 37g carbohidratos (9g fibra, 13g azúcar), 6g grasas (5g saturadas), 37% calcio, 22% hierro, 19% magnesio, 12%

vitamina A, 34% vitamina D, 44% vitamina B1, 66% vitamina B2, 25% vitamina B5, 11% vitamina B6, 24% vitamina B12.

12. Salmón Ahumado y Tostada con Aguacate

¿Quiere un entrenamiento duro y corto de tiempo? Solo lleva 5 minutos hacer este sabroso desayuno. El salmón y el aguacate están llenos de ácidos saludables, y esta comida tiene suficiente proteína y carbohidratos para mantenerlo motivado.

Ingredientes (2 porciones):
300g salmón ahumado
2 aguacates pelados
Jugo de ½ limón
1 puñado de hojas de estragón cortadas
2 rebanadas de pan integral tostadas

Tiempo de Preparación: 5 min
Sin cocción

Preparación:
Cortar los aguacates en trozos y echarles jugo de limón. Retorcer y doblar las piezas de salmón ahumado, ponerlas en platos y luego esparcir el aguacate y el estragón. Servir con las tostadas de pan integral.

Valor nutricional por porción: 550kcal, 34g proteína, 37g carbohidratos (12g fibra, 4g azúcar), 30g grasas (5g saturadas), 17% hierro, 24% magnesio, 25% vitamina C, 27% vitamina E, 42% vitamina K, 16% vitamina B1, 24% vitamina B2, 55% vitamina B3, 35% vitamina B5, 40% vitamina B6, 35% vitamina B9, 81% vitamina B12.

13. Desayuno "Piza"

Olvídese de la porción de pisa alta en calorías y no nutritiva, y reemplácela con este substituto delicioso. Sabrosa y llenadora, solo lleva 20 minutos de hacer y no solo está llena de proteína, sino también de minerales y vitaminas.

Ingredientes (1 porción):
1 masa de trigo integral pequeño
3 claras de huevo
1 huevo
¼ taza queso mozzarella bajo en grasas
1 cebolla de verdeo
¼ taza hongos
¼ taza Pimientos
2 rebanadas de panceta
1 cucharadita de aceite de oliva
Sal and Pimienta

Tiempo de Preparación: 10 min
Tiempo de Cocción: 10 min

Preparación:
Batir las claras de huevo con un poco de sal y pimienta, y agregar los vegetales cortados en cubos.
Doblar los lados de la masa de trigo para crear un bowl. Pincelar ambos lados con aceite de oliva y poner en la parrilla. Cocinar hasta que estén doradas y luego dar vuelta.
Verter la mezcla de huevo en la masa y cocinar hasta que estén casi hechos los huevos, agregar la panceta, cebolla de verdeo y queso. Cocinar hasta que el queso se derrita y servir.

Valor nutricional por porción: 350kcal, 33g proteína, 12g carbohidratos (3g fibra, 4g azúcar), 15g grasas (6 saturadas), 32% calcio, 19% hierro, 15% magnesio, 36% vitamina A, 88% vitamina C, 72% vitamina K, 21% vitamina B1, 71% vitamina B2, 22% vitamina B3, 14% vitamina B5, 21% vitamina B6, 25% vitamina B9, 29% vitamina B12.

14. Desayuno Moca Mexicano

Complemente su taza favorita de avena con una porción saludable de leche de almendra, y disfrute un desayuno alto en fibra y de rápida cocción. La pimienta de cayena es perfecta para agregar un poco de empuje a su comida

Ingredientes (1 porción):
½ taza de avena
1 cuchara polvo proteico de chocolate
½ cucharada canela
½ cucharadita de pimienta de cayena
1 taza de leche de almendra sin azúcar
1 cucharada de polvo de cacao sin azúcar

Tiempo de Preparación: 5 min
Tiempo de Cocción: 3 min

Preparación:
Mezclar todos los ingredientes en un bowl apto para microondas. Calentar por 2-3 minutos y servir.

Valor nutricional por porción: 304kcal, 27g proteína, 38g carbohidratos (8g fibra, 3g azúcar), 7g grasas, 32% calcio, 15% hierro, 25% magnesio, 10% vitamina A, 25% vitamina D, 51% vitamina E, 12% vitamina B1.

15. Panqueques de limón y arándanos

Un tibio y llenador desayuno, este panqueque de arándanos enriquecido por el sabor del limón es una forma simple y sabrosa de obtener esa comida potente que necesita para empezar el día. Agregue una cucharada de yogurt griego sobre su panqueque si le gusta.

Ingredientes (1 porción):
1/3 taza de salvado de avena
5 claras de huevo
½ taza arándanos
1 cuchara polvo de proteína de suero sin sabor
½ cucharadita bicarbonato de sodio
1 cucharadita de ralladura de limón
1 cucharada jugo de limón
Spray de aceite de oliva

Tiempo de Preparación: 5 min
Tiempo de Cocción: 5 min

Preparación:
Combinar todos los ingredientes en un bowl grande, mezclar y batir hasta que esté homogéneo. Cocinar en una sartén previamente rociada con aceite de oliva a temperatura media-alta, hasta que surjan burbujas. Dar vuelta y cocer hasta que quede dorado. Remover el panqueque y servir.

Valor nutricional por porción: 340kcal, 47g proteína, 37g carbohidratos (6g fibra, 14g azúcar), 5g grasas, 10% hierro, 25% magnesio, 12% vitamina C, 19% vitamina K, 26% vitamina B1, 58% vitamina B2.

ALMUERZO

16. Arroz mediterráneo

Transforme la cansada lata de atún en un plato delicioso que es un perfecto comienzo para una tarde de ejercicio. La alta cantidad de carbohidratos impulsará un entrenamiento a fondo, y la proteína le asegurará una recuperación muscular por el esfuerzo.

Ingredientes (1 porción):
1 lata de atún en aceite
100g arroz integral
¼ aguacate, cortado
¼ cebolla colorada, en rodajas
Jugo de ½ limón
Sal and Pimienta

Tiempo de Preparación: 5 min
Tiempo de Cocción: 20 min

Preparación:
Hervir el arroz integral por 20 minutos y luego poner en un bowl con la cebolla, atún y aguacate. Agregar el jugo de limón y mezclar los ingredientes. Sazonar con sal y pimienta a gusto.

Valor nutricional por porción: 590kcal, 32g proteína, 80g carbohidratos (7g fibra, 1g azúcar), 14g grasas (5g saturadas), 22% hierro, 52% magnesio, 101% vitamina D, 18% vitamina E, 107% vitamina K, 32% vitamina B1, 134% vitamina B3, 26% vitamina B5, 39% vitamina B6, 15% vitamina B9, 63% vitamina B12.

17. Pollo especiado

El pollo es perfecto para una comida alta en proteínas para el desarrollo muscular. Alta en nutrientes en todos los ámbitos, esta comida simple y sabrosa puede ser preparada con una porción a elección de carbohidratos.

Ingredientes (2 porciones):
3 pechugas de pollo deshuesadas, cortadas a la mitad
175g yogurt bajo en grasas
5cm de pepino, cortado
2 cucharadas pasta de curry Thai
2 cucharadas de cilantro
2 tazas de espinaca cruda

Tiempo de Preparación: 5 min
Tiempo de Cocción: 35-40 min

Preparación:
Precalentar el horno a 190°. Poner el pollo en una capa. Mezclar 1/3 del yogurt, la pasta de curry y 2/3 del cilantro, agregar sal y verter sobre el pollo, asegurándose que la carne esté cubierta por completo. Dejar por 30 minutos.
Poner el pollo sobre una rejilla en una fuente de horno por 35-40 minutos, hasta que esté dorado.
Calentar agua en una cacerola y marchitar la espinaca.
Mezclar el resto del yogurt y cilantro, agregar el pepino y revolver. Verter la mezcla sobre el pollo y servir con la espinaca.

Valor nutricional por porción: 275kcal, 43g proteína, 8g carbohidratos (1g fibra, 8g azúcar), 3g grasas (1g saturadas),

20% calcio, 15% hierro, 25% magnesio, 56% vitamina A, 18% vitamina C, 181% vitamina K, 16% vitamina B1, 26% vitamina B2, 133% vitamina B3, 25% vitamina B5, 67% vitamina B6, 19% vitamina B9, 22% vitamina B12.

18. Huevos rellenos con pan de pita

Consiga su dosis de ácidos grasos omega 3 con este rico plato de salmón. Alto en vitaminas y minerales, esta comida llenadora es una gran forma de llenarse de energía y alimentación a través del día.

Ingredientes (2 porciones):
1 salmón enlatado en agua (450g)
2 huevos
1 cebolla de verdeo finamente cortada
2 hojas grandes de lechuga
10 tomates cherry
1 cucharada de yogurt griego
1 pan de pita, cortado por la mitad
Sal marina y Pimienta

Tiempo de Preparación: 10 min
Tiempo de Cocción: 10 min

Preparación:
Hervir los huevos, pelarlos y cortarlos a la mitad, removiendo las yemas y poniéndolas en un bowl.
Agregar al bowl el salmón enlatado, 1 cucharada de yogurt, la cebolla de verdeo y los aderezos. Mezclar los ingredientes y rellenar los huevos. Servir con pan de pita con lechuga y tomates cherry.

Valor nutricional por porción: 455kcal, 45g proteína, 24g carbohidratos (3g fibra, 2g azúcar), 36g grasas (10g saturadas), 59% calcio, 22% hierro, 21% magnesio, 30% vitamina A, 24% vitamina C, 43% vitamina K, 11% vitamina B1, 36% vitamina B2,

60% vitamina B3, 20% vitamina B5, 41% vitamina B6, 20% vitamina B9, 20% vitamina B12.

19. Envueltos Caesar con Pollo

Estos envueltos de pollo hacen una comida portátil genial, que se asegurará de que tenga los niveles de proteína altos a lo largo del día. Agregue un poco de espinaca y transfórmela en una comida verde agradable.

Ingredientes (1 porción):
85g pechuga de pollo cocida
2 tortillas integrales
1 taza lechuga
50g yogurt descremado
1 cucharadita pasta de anchoa
1 cucharadita polvo de mostaza
1 diente de ajo cocido
½ pepino mediano, cortado

Tiempo de Preparación: 5 min
Sin cocción

Preparación:
Combinar la pasta de anchoa, ajo, yogurt, lechuga y pepino. Dividir la mezcla en 2, agregar a las tortillas y luego poner la mitad de cada pechuga en cada tortilla. Envolver y servir.

Valor nutricional por porción (2 tortillas): 460kcal, 41g proteína, 57g carbohidratos (7g fibra, 9g azúcar), 10g grasas (2g saturadas), 11% calcio, 22% vitamina K, 13% vitamina B2, 59% vitamina B3, 12% vitamina B5, 29% vitamina B6, 10% vitamina B12.

20. Salmon horneado con espárragos asados

Un plato clásico, hecho más interesante con un escabeche de jugo de limón y mostaza, este salmón va bien con los espárragos al ajo. Disfruta de una gran combinación de proteínas y vitaminas.

Ingredientes (1 porción):
140g salmón silvestre
1 ½ taza espárragos
Escabeche:
1 cucharada ajo picado
1 cucharada mostaza Dijon
Jugo de ½ limón
1 cucharadita de aceite de oliva

Tiempo de Preparación: 5 min
Tiempo de Cocción: 15 min

Preparación:
Precalentar el horno a 200°.
En un bowl, mezclar el jugo de limón, la mitad del ajo, aceite de oliva y la mostaza. Verter el escabeche sobre el salmón y asegúrese que lo cubra completamente. Poner el salmón en la nevera por una hora.
Cortar los tallos de los espárragos. Poner una sartén antiadherente a media/alta temperatura, echar los espárragos con el ajo remanente por 5 minutos, moviendo para que se cocine todo.
Poner el salmón en papel de cocina y cocinar por 10 minutos. Luego servir con los espárragos asados.

Valor nutricional: 350kcal, 43g proteína, 7g carbohidratos (5g fibra, 1 g azúcar), 16g grasas (1 saturadas), 17% hierro, 20% magnesio, 48% vitamina A, 119% vitamina C, 17% vitamina E, 288% vitamina K, 39% vitamina B1, 60% vitamina B2, 90% vitamina B3, 33% vitamina B5, 74% vitamina B6, 109% vitamina B9, 75% vitamina B12.

21. Pasta de Espinaca y Albóndigas de Res

Una pasta alta en proteína que maximiza la combinación de la carne y la espinaca. No solo está repleta de vitamina, sino que también contiene una abundante cantidad de magnesio, que ayuda a regular la contracción muscular.

Ingredientes (2 porciones):
Para las albóndigas:
170g carne molida sin grasa
½ taza espinaca
1 cucharada ajo picado
¼ taza cebolla roja en rodajas
1 cucharadita de comino
Sal marina and Pimienta
Para la pasta:
100g pasta de espinaca
10 tomates cherry
2 tazas espinaca
¼ taza salsa marinara
2 cucharadas queso parmesano back en grasas

Tiempo de Preparación: 15 min
Tiempo de Cocción: 30 min

Preparación:
Precalentar el horno a 200°.
Mezclar la carne picada, espinaca, ajo, cebolla roja y sal y pimienta a gusto. Mezclar bien con las manos hasta que la espinaca esté completamente mezclada con la carne.
Formar 2 ó 3 albóndigas, y ponerlas en papel de cocina en el horno por 10-12 minutos.

Cocinar la pasta de acuerdo a las instrucciones del paquete. Colar la pasta y agregarle los tomates, espinaca y queso. Agregar las albóndigas y servir.

Valor nutricional por porción: 470kcal, 33g proteína, 50g carbohidratos (6g fibra, 5g azúcar), 12g grasas (5g saturadas), 17% calcio, 28% hierro, 74% magnesio, 104% vitamina A, 38% vitamina C, 11% vitamina E, 361% vitamina K, 16% vitamina B1, 20% vitamina B2, 45% vitamina B3, 11% vitamina B5, 45% vitamina B6, 35% vitamina B9, 37% vitamina B12.

22. Pechuga de pollo rellena con arroz integral

El arroz integral es una excelente forma de introducir carbohidratos de calidad a su dieta. En pareja con el pollo alto en proteína y vegetales, obtendrá un delicioso almuerzo.

Ingredientes (1 porción):
170g pechuga de pollo
½ taza espinaca cruda
50g arroz integral
1 cebolla de verdeo
1 tomate cortado
1 cucharada de queso feta

Tiempo de Preparación: 10 min
Tiempo de Cocción: 30 min

Preparación:
Precalentar el horno a 190°.
Cortar la pechuga de pollo por la mitad para que se vea como una mariposa. Sazone el pollo con sal y pimienta, y luego abrirlo y poner capas de espinaca, queso feta y rodajas de tomate en un lado. Doble la pechuga y use un escarbadientes para mantenerla cerrada. Cocinar por 20 minutos.
Hervir el arroz integral y a continuación agregar el ajo y la cebolla cortada. Llene un plato con el arroz integral, coloque el pollo encima y sirva.

Valor nutricional por porción: 469kcal, 48g proteína, 46g carbohidratos (5g fibra, 6g azúcar), 8g grasas (5g saturadas), 22% calcio, 18% hierro, 38% magnesio, 55% vitamina A, 43% vitamina C, 169% vitamina K, 28% vitamina B1, 28% vitamina

B2, 103% vitamina B3, 28% vitamina B5, 70% vitamina B6, 23% vitamina B9, 17% vitamina B12.

23. Ensalada con camarones y Pasta de calabacín

Una comida de pasta tramposa con una porción de calabacín rallado y camarones al vapor aromatizado con todas las clases de sésamo. Esta combinación de ingredientes hace a un almuerzo liviano con un alto contenido proteico.

Ingredientes (1 porción):
170g camarón al vapor
1 calabacín grande, cortado
¼ taza cebolla roja, en rodajas
1 taza pimientos, en rodajas
1 cucharada mantequilla asada Tahini
1 cucharadita aceite de sésamo
1 cucharadita semillas de sésamo

Tiempo de Preparación: 10 min
Sin cocción

Preparación:
Cortar el calabacín usando una trituradora para hacer una linguini.
En un bowl, mezclar el Tahini y el aceite de sésamo.
Poner todos los ingredientes en un bowl grande, verter la salsa Tahini y mezclar para asegurarse que todo esté cubierto. Espolvorear con semillas de sésamo y servir.

Valor nutricional por porción: 420kcal, 45g proteína, 26g carbohidratos (10g fibra, 12g azúcar), 18g grasas (2g saturadas), 19% calcio, 47% hierro, 48% magnesio, 33% vitamina A, 303% vitamina C, 17% vitamina E, 31% vitamina K, 38% vitamina B1, 36% vitamina B2, 38% vitamina B3, 13%

vitamina B5, 66% vitamina B6, 35% vitamina B9, 42% vitamina B12.

24. Pastel de carne con Cuscús de trigo integral

Cocinado en un molde para magdalenas, este pastel de carne de pavo se asegura de que se minimice el consumo de grasas saturadas. Cámbielo un poco agregando pimientos u hongos en lugar de cebolla a las albóndigas, y sazonando con una pizca de ajo molido.

Ingredientes (1 porción):
140g pavo molido, sin grasa
¾ taza cebollas rojas en cubos
1 taza espinaca cruda
1/3 taza salsa marinara baja en sodio
½ taza cuscús de trigo integral, hervido
Elección de condimentos: Perejil, albahaca, cilantro
Pimienta, sal
Spray de aceite de oliva

Tiempo de Preparación: 5 min
Tiempo de Cocción: 20 min

Preparación:
Precalentar el horno a 200°.
Sazone el pavo con su elección de condimentos y agregue la cebolla en cubos.
Rociar la fuente de magdalenas con aceite de oliva, colocar el pavo molido dentro de los soportes para magdalenas. Cubra cada albóndiga con 1 cucharada de salsa marinara, luego coloque en el horno y cocine durante 8-10 minutos.
Servir con el cuscús.

Valor nutricional por porción: 460kcal, 34g proteína, 53g carbohidratos (4g fibra, 7g azúcar), 12g grasas (4g saturadas), 12% calcio, 15% hierro, 10% magnesio, 16% vitamina A, 15% vitamina C, 11% vitamina E, 16% vitamina K, 11% vitamina B1, 25% vitamina B3, 16% vitamina B6, 11% vitamina B9.

25. Hamburguesa de atún y ensalada

La hamburguesa de atún es rica en proteína y carbohidratos, por lo que esta comida es una excelente opción para un día de entrenamiento. Hágala diferente cada vez y manténgala interesante mediante el cambio entre las verduras y condimentos.

Ingredientes (1 porción):
1 late de atún en trozos (165g)
1 clara de huevo
½ taza setas picadas
2 tazas lechuga rallada
¼ taza avena seca
1 cucharadita aceite de oliva
1 cucharadas aderezo para ensaladas bajo en grasas (de preferencia)
Pequeño manojo de orégano picado
1 rollo de trigo integral cortado a la mitad

Tiempo de Preparación: 10 min
Tiempo de Cocción: 10 min

Preparación:
Mezclar la clara de huevo, atún, avena seca, orégano y formar una hamburguesa.
Calentar el aceite en una sartén antiadherente a fuego medio, colocar la hamburguesa y darla vuelta para asegurarse de que se cocine en ambos lados.
Cortar el rollo de trigo por la mitad y colocar la hamburguesa entre las dos piezas.

Mezclar las verduras en un bol, añadir el aderezo y servir junto a la hamburguesa.

Valor nutricional por porción: 560kcal, 52g proteína, 76g carbohidratos (13g fibra, 7g azúcar), 10g grasas (1g saturadas), 11% calcio, 35% hierro, 38% magnesio, 16% vitamina A, 16% vitamina K, 35% vitamina B1, 33% vitamina B2, 24% vitaminaB3, 28% vitamina B5, 41% vitamina B6, 21% vitamina B9, 82% vitamina B12.

26. Kebabs picantes de carne de res

Este kebab picante se sirve con una guarnición de papas al horno, por lo que no solo es una comida para el desarrollo de músculo, sino también una gran manera de introducir vitamina A su dieta. Agregue una cucharada de yogurt bajo en grasas a su papa para hacerla más refrescante.

Ingredientes (1 porción):
140g bife de ternera magro
200g batata
1 Pimiento picado
½ calabacín mediano picado
Ajo picado
Pimienta, sal

Tiempo de Preparación: 15 min
Tiempo de Cocción: 55 min

Preparación:
Precalentar el horno a 200°. Envolver la batata en papel de aluminio y poner en el horno por 45 minutos.
Cortar la carne mechada en trozos pequeños, sazonar con sal, pimienta y ajo. Montar el kebab alternando entre la carne de res, el calabacín y el pimiento.
Colocar el kebab en una bandeja de horno y cocinar por 10 minutos. Servir con la batata.

Valor nutricional por porción: 375kcal, 38g proteína, 49g carbohidratos (9g fibra, 12g azúcar), 4g grasas (1g saturadas), 24% hierro, 27% magnesio, 581% vitamina A, 195% vitamina C,

21% vitamina K, 22% vitamina B1, 28% vitamina B2, 61% vitamina B3, 28% vitamina B5, 92% vitamina B6, 20% vitamina B9, 30% vitamina B12.

27. Trucha con ensalada de papas

¿Quiere asegurarse de que no le falte vitamina B12? Pruebe esta porción sustanciosa de trucha, combinada con una fresca ensalada de papas repleta de vitaminas y nutrientes.

Ingredientes (2 porciones):
2*140g filetes de trucha
250g papas cortadas a la mitad
4 cucharaditas yogurt
4 cucharaditas mayonesa baja en grasas
1 cucharada alcaparras enjuagadas
4 pepinillos pequeños en rodajas
2 cebollas de verdeo, rebanadas finamente
¼ pepino en cubos
1 limón y la ralladura de 1/2

Tiempo de Preparación: 10 min
Tiempo de Cocción: 20 min

Preparación:
Hervir las papas en agua salada durante 15 minutos hasta que estén apenas tiernas. Escurrir y enjuagar con agua fría. Precalentar la parrilla.
Mezclar la mayonesa y el yogurt, y sazonar con jugo de limón. Revolver la mezcla con las papas, alcaparras, la mayor parte de la cebolla, pepino y pepinillos. Dispersar el resto de la cebolla sobre la ensalada.
Sazonar la trucha, poner en una bandeja para horno con la piel hacia abajo y cocinar. Esparcir la ralladura de limón sobre la trucha y servir con la ensalada.

Valor nutricional por porción: 420kcal, 38g proteína, 28g carbohidratos (3g fibra, 6g azúcar), 13g grasas (3g saturadas), 12% calcio, 11% hierro, 22% magnesio, 29% vitamina C, 59% vitamina K, 21% vitamina B1, 18% vitamina B2, 12% vitamina B3, 22% vitamina B5, 43% vitamina B6, 18% vitamina B9, 153% vitamina B12.

28. Chile de frijoles Mexicanos

Una comida de mediodía alta en proteína, este plato es una gran manera de conseguir un tercio de la cantidad necesaria de fibra. A pesar de que tiene los nutrientes suficientes para ser una comida independiente, puede también ser servido sobre una cama de arroz integral.

Ingredientes (2 porciones):
250g carne picada
200g frijoles cocidos en lata
75ml caldo de carne
½ cebolla en cubos
½ pimiento rojo en cubos
1 cucharadita pasta de chipotle
1 cucharadita aceite de oliva
½ cucharadita chile en polvo
1 taza arroz integral hervido (opcional)
Hojas de cilantro para servir

Tiempo de Preparación: 5 min
Tiempo de Cocción: 45 min

Preparación:
Calentar el aceite en una sartén antiadherente a fuego medio, y freír la cebolla y el pimiento rojo hasta que se ablanden. Subir el fuego, añadir el chile en polvo y cocinar por dos minutos. Agregar la carne picada y cocinar hasta que se dore y el líquido se haya evaporado.
Agregue el caldo de carne, frijoles y la pasta de chipotle. Cocine a fuego lento por 20 minutos. Sazonar, decorar con hojas de cilantro y servir con el arroz hervido.

Valor nutricional por porción (sin arroz): 402kcal, 34g proteína, 19g carbohidratos (5g fibra, 10g azúcar), 14g grasas (5g saturadas), 29% hierro, 15% magnesio, 42% vitamina C, 11% vitamina B1, 16% vitamina B2, 34% vitamina B3, 40% vitamina B6, 18% vitamina B9, 52% vitamina B12.
½ taza of rice: 108kcal

29. Fideos con brócoli y carne de res

Un plato cómodo y sabroso, los fideos con carne y brócoli toman solo 20 minutos para prepararse, por lo que es una gran opción para un día ocupado. Puede servirlo con unas rodajas de chile rojo para agregar un sabor extra.

Ingredientes (2 porciones):
2 tazas fideos al huevo
200g tiras de carne salteadas
1 cebollita de verdeo en rodajas
½ cabeza de brócoli
1 cucharadita aceite de sésamo
Para la salsa:
1 ½ cucharadas salsa de soja baja en sal
1 cucharadita salsa de tomate
1 diente de ajo machacado
1 cucharada salsa de ostras
¼ jengibre finamente rallado
1 cucharadita vinagre de vino blanco

Tiempo de Preparación: 10 min
Tiempo de Cocción: 10 min

Preparación:
Mezclar los ingredientes para la salsa. Hervir los fideos de acuerdo a las instrucciones del paquete. Agregue el brócoli cuando estén casi listos. Dejar por unos minutos y luego colar los fideos y brócoli.
Calentar el aceite en un wok hasta que esté muy caliente y saltear la carne durante 2-3 minutos, hasta que se dore.

Agregar la salsa, revolver y dejar hervir por unos momentos. Apagar el fuego.
Mezclar la carne con los fideos, esparcir cebolla de verdeo encima y servir inmediatamente.

Valor nutricional por porción: 352kcal, 33g proteína, 39g carbohidratos (5g fibra, 5g azúcar), 9g grasas (2g saturadas), 20% hierro, 20% magnesio, 20% vitamina A, 224% vitamina C, 214% vitamina K, 14% vitamina B1, 19% vitamina B2, 43% vitamina B3, 18% vitamina B5, 50% vitamina B6, 31% vitamina B9, 23% vitamina B12.

30. Abadejo envuelto en panceta con papas

Este plato ligero y de sabor fresco ofrece una gran cantidad de energía y es alto en proteína, por lo que es una opción ideal para una comida de mediodía. El abadejo puede ser substituido por otro pescado blanco, mientras las aceitunas pueden ser reemplazadas por tomates secos

Ingredientes (2 porciones):
2* 140g filetes de abadejo
4 rebanadas de panceta
300g papas
100g judías verdes
30g aceitunas Kalamate
Jugo y Ralladura de 1 limón
2 cucharadas aceite de oliva
Pocas ramitas de estragón

Tiempo de Preparación: 10 min
Tiempo de cocción: 15 min

Preparación:
Calentar el horno a 200°. Hervir las papas por 10-12 minutos hasta que estén tiernas, añadir las judías verdes en los 2-3 minutos finales. Escurrir bien, cortar las papas por la mitad y poner en una fuente de horno. Echar las aceitunas, ralladura de limón, aceite y sazonar bien.
Sazonar el pescado y envolverlo en la panceta. Ponerlo sobre las papas. Cocinar en el horno por 10-12 minutos, luego agregar el jugo de limón, esparcir el estragón y servir.

Valor nutricional por porción: 525kcal, 46g proteína, 36g carbohidratos (5g fibra, 3g azúcar), 31g grasas (8g saturadas), 10% hierro, 31% magnesio, 63% vitamina C, 18% vitamina K, 15% vitamina B1, 13% vitamina B2, 14% vitamina B3, 25% vitamina B6, 73% vitamina B12.

CENA

31. Bowl de Sushi

Un plato de sushi con pocas calorías que sustituye el arroz por coliflor saborizado con ajo, salsa de soja y jugo de lima para un sabor extra. Utilice las hojas de alga para envolver las verduras y el salmón, y hacer un mini roll.

Ingredientes (2 porciones):
170g salmón ahumado
1 aguacate mediano
½ cabeza de coliflor, cocido al vapor y picado
1/3 taza zanahoria rallada
½ cucharadita pimienta
1.2 cucharadita ajo en polvo
1 cucharada salsa de soja baja en sodio
2 hojas de algas marinas
Jugo de ½ lima

Tiempo de Preparación: 10 min
Sin cocción

Preparación:
Colocar la coliflor, las zanahorias, salsa de soja, ajo, jugo de limón y pimienta en una procesadora. Detener la mezcla antes de que se convierta en una pasta. Servir junto a las hojas de algas y el salmón.

Valor nutricional por porción: 272kcal, 20g proteína, 13g carbohidratos (7g fibra, 4g azúcar), 16g grasas (1g saturadas), 10% hierro, 14% magnesio, 73% vitamina A, 88% vitamina C, 13% vitamina E, 40% vitamina K, 18% vitamina B1, 15%

vitamina B2, 31% vitamina B3, 21% vitamina B5, 31% vitamina B6, 26% vitamina B9, 45% vitamina B12.

32. Pollo agridulce

El pollo agridulce es una receta simple y deliciosa, que tiene un lugar en cada cocina. Es alta en proteína y vitaminas, y va bien con el brócoli al vapor.

Ingredientes (2 porciones):
300g pechuga de pollo cortada en trozos pequeños
1 cucharadita sal de ajo
¼ taza caldo de pollo bajo en sodio
¼ taza vinagre blanco
¼ edulcorante sin calorías
¼ cucharadita pimienta negra
1 cucharadita salsa de soja baja en sodio
3 cucharaditas salsa de tomate baja en azúcar
Arrurruz
400g Cabezas de brócoli al vapor

Tiempo de Preparación: 10 min
Tiempo de cocción: 15 min

Preparación:
Colocar el pollo en un tazón grande y sazonar con ajo, pimienta y sal, formando una capa. Cocinar el pollo a fuego medio-alto hasta que esté hecho.
Mientras tanto, mezclar el caldo de pollo, edulcorante, vinagre, salsa de tomate y la salsa de soja en una cacerola. Llevar la mezcla al punto de ebullición y bajar el fuego al mínimo. Agregar el arrurruz de a poco y batir enérgicamente. Mantener la agitación durante unos minutos.
Verter la salsa sobre el pollo cocido y servir acompañado de brócoli al vapor.

Valor nutricional por porción: 250kcal, 40g proteína, 14g carbohidratos (6g fibra, 4g azúcar), 2g grasas, 11% calcio, 14% hierro, 20% magnesio, 24% vitamina A, 303% vitamina C, 254% vitamina K, 17% vitamina B1, 21% vitamina B2, 90% vitamina B3, 24% vitamina B5, 58% vitamina B6, 33% vitamina B9.

33. Humus al Ajo

Solo necesita 5 minutos para hacer esta comida saludable y deliciosa. Está llena de magnesio y tiene una cantidad decente de proteína, considerando que no tiene carne. Tome una tortilla de trigo y haga esta comida para llevar.

Ingredientes (3 porciones):
1*400g garbanzos enlatados (guarde ¼ del líquido)
¼ taza Tahini
¼ taza de jugo de limón
1 diente de ajo
1 cucharada aceite de oliva
¼ cucharadita jengibre molido
¼ cucharadita comino molido
2 cebollas de verdeo, finamente picadas
1 tomate picado

Tiempo de Preparación: 5 min
Sin cocción

Preparación:
Colocar los garbanzos, líquido, Tahini, jugo de limón, aceite de oliva, ajo, comino y jengibre en una procesadora y mezclar hasta que esté suave.
Agregar el tomate y la cebolla, y sazonar con sal y pimienta. Servir acompañado con rodajas de pimiento.

Valor nutricional por porción: 324kcal, 11g proteína, 21g carbohidratos (7g fibra, 1g azúcar), 17g grasas (2g saturadas), 22% calcio, 54% hierro, 135% magnesio, 10% vitamina A, 12% vitamina C, 33% vitamina K, 122% vitamina B1, 12% vitamina

B2, 44% vitamina B3, 11% vitamina B5, 12% vitamina B6, 40% vitamina B9.

34. Pollo con Ananá y Pimientos

Tome un descanso de las recetas habituales de pollo y pruebe esta versión con ananá fresco y dulce. De alto contenido de vitamina B3 y proteína, esta comida es también una fuente de carbohidratos. Puede sustituir el arroz por quínoa.

Ingredientes (1 porción):
140g pechuga de pollo deshuesada
1 cucharada mostaza
½ taza ananá fresco en cubos
½ taza Pimientos en cubos
50g arroz integral
Spray de aceite de coco
1 cucharadita comino
Sal and Pimienta

Tiempo de Preparación: 5 min
Tiempo de Cocción: 15 min

Preparación:
Cortar el pollo en trozos pequeños y luego frotar la mostaza en las piezas, y sazonar con sal, pimienta y comino.
Poner una sartén a fuego medio y rociar ligeramente con aceite de coco. Añadir el pollo y cocinar. Cuando el pollo esté casi terminado, aumente el fuego y agregue el ananá y los pimientos. Cocinar y asegurarse que todos los lados queden dorados. Esto debe tomar de 3 a 5 minutos.
Hervir el arroz integral y servir junto al pollo.

Valor nutricional por porción: 377kcal, 37g proteína, 50g carbohidratos (6g fibra, 10g azúcar), 1g grasas, 12% hierro,

33% magnesio, 168% vitamina C, 26% vitamina B1, 13% vitamina B2, 96% vitamina B3, 22% vitamina B5, 65% vitamina B6, 10% vitamina B9.

35. Bowl proteico estilo mexicano

Dese un descanso de la carne y mezcle estos ingredientes juntos para una alternativa sabrosa a lo usual. Puede evitar las grasas fritas y calorías poco saludables, y aún así obtener el sabor de una comida mexicana.

Ingredientes:
1/3 taza frijoles negros cocidos
½ taza arroz integral cocido
2 cucharadas salsa
¼ aguacate en rodajas

Tiempo de Preparación: 5 min
Sin cocción

Preparación:
Combinar todos los ingredientes en un bowl y servir.

Valor nutricional por porción: 307kcal, 11g proteína, 48g carbohidratos (11g fibra, 1g azúcar), 7g grasas (1g azúcar), 26% magnesio, 13% vitamina K, 16% vitamina B1, 11% vitamina B3, 17% vitamina B6, 30% vitamina B9.

36. Ensalada de pollo y Rúcula

Las hojas de Rúcula añaden satisfacción a esta ensalada dulce y súper saludable. Generosa en vegetales y proteína de calidad, esta comida puede ser enriquecida con un simple aderezo de yogurt bajo en grasas y ajo.

Ingredientes (1 porción):
120g pechuga de pollo
5 zanahorias picadas
¼ col roja picada
½ taza Rúcula
1 cucharada semillas de girasol
1 cucharadita aceite de oliva

Tiempo de Preparación: 10 min
Tiempo de Cocción: 10 min

Preparación:
Cortar el pollo en cubos del tamaño de un bocado. Calentar el aceite de oliva en una sartén antiadherente y freír el pollo hasta que esté cocido. Poner a un lado y dejar enfriar.
Colocar las zanahorias, Rúcula y la col roja en un tazón grande. Agregar encima el pollo enfriado y las semillas de girasol. Servir.

Valor nutricional por porción: 311kcal, 30g proteína, 9g carbohidratos (1g fibra), 13g grasas (1g saturadas), 11% hierro, 22% magnesio, 150% vitamina A, 25% vitamina C, 29% vitamina E, 32% vitamina K, 23% vitamina B1, 10% vitamina B2, 72% vitamina B3, 11% vitamina B5, 49% vitamina B6, 17% vitamina B9.

37. Hipogloso con mostaza Dijon

Esta comida picante de hipogloso es una manera rápida y fácil de obtener una abundante dosis de proteína. Es baja en carbohidratos y alta en vitaminas, por lo que es una opción perfecta para la cena. El recuento bajo de calorías de la salsa le permite duplicarla en cantidad si se siente indulgente.

Ingredientes (2 porciones):
220g hipogloso
¼ cebolla en cubos
1 pimiento rojo en cubos
1 diente de ajo
1 cucharada mostaza Dijon
1 cucharadita salsa inglesa
1 cucharadita aceite de oliva
Jugo de 1 limón
Un puñado de perejil
2 zanahorias grandes cortadas en palitos
1 taza brócoli
1 taza hongos en rodajas

Tiempo de Preparación: 10 min
Tiempo de Cocción: 20 min

Preparación:
Colocar el pimiento rojo, ajo, perejil, mostaza, cebolla, salsa inglesa, jugo de limón y aceite de oliva en una procesadora. Poner el pescado, salsa y el resto de los vegetales en una bolsa de hornear grande. Hornear a 190° durante 20 minutos y servir.

Valor nutricional por porción: 225kcal, 33g proteína, 12g carbohidratos (3g fibra, 5g azúcar), 5g grasas (1g saturadas), 11% calcio, 10% hierro, 35% magnesio, 180% vitamina A, 77% vitamina C, 71% vitamina K, 13% vitamina B1, 19% vitamina B2, 51% vitamina B3, 14% vitamina B5, 34% vitamina B6, 15% vitamina B9, 25% vitamina B12.

38. Bandeja de pollo horneado

Rápido, fácil y sabroso, este plato debe ser un elemento básico de la cocina de verano ya que no hay escasez de tomates cherry. El pesto agrega un sabor refrescante a una pechuga de pollo condimentada simplemente.

Ingredientes (2 porciones):
300g pechuga de pollo
300g tomates cherry
2 cucharadas pesto
1 cucharada aceite de oliva
Sal, Pimienta

Tiempo de Preparación: 5 min
Tiempo de Cocción: 15 min

Preparación:
Colocar la pechuga de pollo en una bandeja de asar, sazonar, rociar con el aceite de oliva y llevar a la parrilla por 10 minutos. Añadir los tomates cherry y cocinar por otros 5 minutos hasta que el pollo esté listo. Echar peso por encima y servir.

Valor nutricional por porción: 312kcal, 36g proteína, 7g carbohidratos (2g fibra, 5g azúcar), 19g grasas (4g saturadas), 15% magnesio, 25% vitamina A, 34% vitamina C, 11% vitamina E, 20% vitamina K, 10% vitamina B1, 88% vitamina B3, 13% vitamina B5, 33% vitamina B6.

39. Hamburguesa de tofu

El tofu tiene todos los aminoácidos esenciales, y esto lo convierte en un perfecto sustituto de la carne. Las cebollas caramelizadas con hojas de chile y sriracha, acompañado con el tofu con teriyaki, deleitará su paladar.

Ingredientes (1 porción):
85g tofu (extra firme)
1 cucharada salsa teriyaki
1 cucharada Sriracha
1 hoja de lechuga
30g zanahoria rallada
¼ cebolla roja cortada
½ cucharadita hojas de chile rojo
1 rollo de trigo integral mediano

Tiempo de Preparación: 5 min
Tiempo de Cocción: 10 min

Preparación:
Calentar la parrilla.
Marinar el tofu en salsa teriyaki, hojas de chile rojo y sriracha. Cocinar por 3-5 minutos de cada lado.
Freír la cebolla roja en una sartén antiadherente hasta caramelizarla.
Cortar el rollo al medio hasta quedar abierto como un libro. Rellenar con el tofu a la plancha, cebolla caramelizada, zanahoria y lechuga. Servir.

Valor nutricional por porción: 194kcal, 11g proteína, 28g carbohidratos (5g fibra, 8g azúcar), 5g grasas (1g saturadas),

21% calcio, 14% hierro, 19% magnesio, 95% vitamina A, 10% vitamina B1, 14% vitamina B6.

40. Bacalao Caliente

Alto en proteína y grasas saludables y bajo en carbohidratos, este bacalao súper picante le dará una sacudida para el resto del día. Sirva con un poco de arroz integral si necesita un impulso de carbohidratos para un entrenamiento nocturno, y agregue 2 jalapeños más si cree que puede aguantar más sabor.

Ingredientes (2 porciones):
340g bacalao blanco
10 tomates cherry cortados al medio
2 jalapeños en rodajas
2 cucharadas aceite de oliva
Sal marina
Chile en polvo

Tiempo de Preparación: 5 min
Tiempo de Cocción: 10 min

Preparación:
Calentar el aceite en una sartén antiadherente. Cubrir el bacalao en sal marina y polvo de chile, añadir a la sartén y cocinar durante 10 minutos a fuego medio. Agregar los jalapeños 1 ó 2 minutos antes de que el pescado esté cocido. Servir con tomates cherry.

Valor nutricional por porción: 279kcal, 30g proteína, 6g carbohidratos (1g fibra, 1 g azúcar), 16g grasas (2g saturadas), 11% magnesio, 17% vitamina A, 38% vitamina C, 26% vitamina E, 33% vitamina K, 24% vitamina B3, 43% vitamina B6, 26% vitamina B12.

41. Hamburguesa de calabacín y hongos asados

Los hongos Portobello tienen una textura gruesa y carnosa que los hace uno de los favoritos tanto entre los vegetarianos como entre los amantes de la carne. Disfrute de la hamburguesa de la naturaleza y obtenga una alta carga de minerales y vitaminas a un costo mínimo de calorías.

Ingredientes (1 porción):
1 hongo Portobello grande
¼ calabacín pequeño en rodajas
1 cucharadita pimientos asados
1 rebanada de queso bajo en grasas
4 hojas de espinaca
Spray de aceite de oliva
1 rollo de trigo integral mediano

Tiempo de Preparación: 5 min
Tiempo de Cocción: 5 min

Preparación:
Calentar la parrilla. Rociar el hongo con aceite de oliva y luego asar tanto los champiñones como las rodajas de calabacín.
Cortar el rollo a la mitad horizontalmente, colocar los ingredientes en capas en una mitad y cubrir con la otra. Servir inmediatamente.

Valor nutricional por porción: 185kcal, 12g proteína, 24g carbohidratos (4g fibra, 5g azúcar), 4g grasas (1g saturadas), 21% calcio, 17% hierro, 20% magnesio, 78% vitamina A, 28% vitamina C, 242% vitamina K, 15% vitamina B1, 37% vitamina

B2, 26% vitamina B3, 16% vitamina B5, 16% vitamina B6, 31% vitamina B9.

42. Pescado Mediterráneo

¿Qué mejor manera de llegar a su requerimiento diario de vitamina B12 que con un plato de sabores mediterráneos? El resto de las vitaminas y minerales también están bien representados, y el recuento de proteínas es de una buena cantidad para una cena ligera.

Ingredientes (2 porciones):
200g trucha fresca
2 tomates medianos
3 cucharaditas alcaparras
½ pimiento rojo picado
1 diente de ajo picado
10 aceitunas verdes en rodajas
¼ cebolla picada
½ taza espinaca
1 cucharada aceite de oliva
Sal and Pimienta

Tiempo de Preparación: 10 min
Tiempo de Cocción: 15 min

Preparación:
Calentar una sartén grande a fuego medio; añadir los tomates enteros, ajo y aceite de oliva. Cubrir y dejar hervir durante unos minutos hasta que los tomates empiecen a ablandarse.
Añadir la cebolla, pimiento, aceitunas, alcaparras, sal y pimenta (y un poco de agua si es necesario). Cubrir y dejar hervir hasta que los tomates se hayan roto y el pimiento y cebolla se hayan suavizado.
Añadir la trucha, tapar y hervir durante 5-7 minutos.

Añadir las espinacas en el último minuto y servir.

Valor nutricional por porción: 305kcal, 24g proteína, 7g carbohidratos (1g fibra, 4g azúcar), 11g grasas (3g saturadas), 10% calcio, 12% magnesio, 36% vitamina A, 56% vitamina C, 62% vitamina K, 13% vitamina B1, 33% vitamina B3, 12% vitamina B5, 25% vitamina B6, 15% vitamina B9, 105% vitamina B12.

43. Cena vegano-amigable

Una comida vegano-amigable con una buena cantidad de proteína y vitaminas. Dele a su paladar el sabor que se merece con esta salsa dulce y picante que da sabor a una cantidad llenadora de tofu, y es fácil de hacer.

Ingredientes (2 porciones):
340g tofu
¼ taza salsa de soja
¼ taza azúcar negra
2 cucharaditas aceite de sésamo
1 cucharadita aceite de oliva
1 cucharadita hojuelas de chile
2 dientes de ajo picados
1 cucharadita jengibre recién rallado
Sal

Tiempo de Preparación: 5 min
Tiempo de Cocción: 15 min

Preparación:
Mezclar el azúcar negra, salsa de soja, aceite de sésamo, jengibre, hojas de chile y sal en un bowl y poner a un lado.
Verter el aceite de oliva en una sartén y calentar; a continuación freír el tofu durante 10 minutos.
Verter la salsa en la sartén y cocinar durante 3-5 minutos.
Servir cuando la salsa haya espesado y el tofu esté cocido.

Valor nutricional por porción: 245kcal, 17g proteína, 15g carbohidratos (1g fibra, 11g azúcar), 15g grasas (3g saturadas),

34% calcio, 19% hierro, 19% magnesio, 11% vitamina B2, 11% vitamina B6.

44. Fusión de atún

A diferencia de una fusión de atún alta en grasas saturadas y carbohidratos, ésta tiene una moderada cantidad de carbohidratos y un golpe de proteína del atún, por lo que es una excelente comida que apoya el crecimiento del músculo magro.

Ingredientes (2 porciones):
1 lata de atún (165g)
2 rebanadas de queso mozzarella bajo en grasas
2 cucharaditas salsa de tomate
1 panecillo de trigo inglés
Una pizca de orégano

Tiempo de Preparación: 5 min
Tiempo de Cocción: 3 min

Preparación:
Precalentar el horno a 190°C.
Cortar el panecillo inglés y luego untar cada mitad con salsa de tomate. Cubrir con el atún, espolvorear con orégano y colocar una rebanada de queso en la parte superior. Colocar las mini fusiones en el horno por 2-3 minutos o hasta que el queso se haya derretido, y luego dividir en 2 platos y servir.

Valor nutricional por porción: 255kcal, 31g proteína, 14g carbohidratos (2g fibra, 2 g azúcar), 6g grasas (4g saturadas), 29% calcio, 11% hierro, 13% magnesio, 10% vitamina B1, 10% vitamina B2, 60% vitamina B3, 23% vitamina B6, 52% vitamina B12.

45. Pollo con ensalada de aguacate

Una comida que ofrece un gran equilibrio de proteínas de calidad y grasas saludables, que lo mantendrán satisfecho sin exagerar con los carbohidratos. Reemplace el vinagre con jugo de limón para una sensación más fresca.

Ingredientes (1 porción):
100g pechuga de pollo
1 cucharadita pimentón ahumado
2 cucharaditas aceite de oliva
Para la ensalada:
½ aguacate mediano, en cubos
1 tomate mediano picado
½ cebolla morada pequeña, en rodajas finas
1 cucharada perejil picado
1 cucharadita vinagre de vino tinto

Tiempo de Preparación: 10 min
Tiempo de Cocción: 10 min

Preparación:
Calentar la parrilla a fuego medio. Frotar el pollo con una cucharada de aceite de oliva y pimentón. Cocinar por 5 minutos de cada lado hasta que esté bien cocido y ligeramente carbonizado. Cortarlo en rodajas gruesas.
Mezclar los ingredientes de la ensalada juntos, sazonar, añadir el resto del aceite de oliva y servir con el pollo.

Valor nutricional por porción: 346kcal, 26g proteína, 14g carbohidratos (6g fibra, 4g azúcar), 22g grasas (3g saturadas), 16% magnesio, 22% vitamina, 44% vitamina C, 18% vitamina E,

38% vitamina K, 12% vitamina B1, 11% vitamina B2, 66% vitamina B3, 19% vitamina B5, 43% vitamina B6, 22% vitamina B9.

APERITIVOS

1. Tomates cherry con queso Cottage

Cortar 5 tomates cherry por la mitad y untar con 2 cucharadas de queso de cabra mezclado con eneldo fresco y una pizca de sal.

Valor nutricional: 58kcal, 4g proteína, 10g carbohidratos, 30% vitamina A, 40% vitamina C, 20% vitamina K, 10% vitamina B1, 10% vitamina B6, 10% vitamina B9.

2. Aguacate en tostada

Tostar un pequeño trozo de pan de trigo integral y luego cubrirlo con 50gr de puré de aguacate. Espolvorear con sal y pimienta.

Valor nutricional: 208kcal, 5g proteína, 28g carbohidratos (6g fibra, 2g azúcar), 9g grasas (1g saturadas), 13% vitamina K, 13% vitamina B9.

3. Pimientos con queso Cottage

Cortar un pimiento pequeño a la mitad, quitar las semillas y luego rellenar con queso Cottage mezclado con aderezo de su gusto.

Valor nutricional: 44kcal, 6g proteína, 3g carbohidratos (3g azúcar), 49% vitamina C.

4. Torta de arroz con mantequilla de maní

Untar una torta de arroz con 1 cucharada de mantequilla de maní cremosa

Valor nutricional: 129kcal, 5g proteína, 10g carbohidratos (1g fibra, 1 g azúcar), 8g grasas (1g saturadas), 10% vitamina B3.

5. Apio con queso de cabra y aceitunas verdes

Cubrir 3 tallos de apio medianos con 3 cucharadas de queso de cabra y 3 aceitunas verdes.

Valor nutricional: 102kcal, 4g proteína, 6g carbohidratos (3g fibra), 6g grasas (4g saturadas), 12% calcio, 45% vitamina K, 18% vitamina A, 12% vitamina B9.

6. Yogurt con bayas de Goji secas

Mezclar 150g de yogurt bajo en grasas con 10g de bayas de Goji.

Valor nutricional: 134kcal, 7g proteína, 19g carbohidratos (1g fibra, 18% azúcar), 4g grasas (1g saturadas), 27% calcio, 24% hierro, 13% vitamina C, 19% vitamina B2, 13% vitamina B12.

7. Manzana y mantequilla de maní

Cortar una manzana pequeña y untar 1 cucharada de mantequilla de maní en todos los trozos.

Valor nutricional: 189kcal, 4g proteína, 28g carbohidratos (5g fibra, 20g azúcar), 8g grasas (1g saturadas), 14% vitamina C, 14% vitamina B3.

8. Yogurt griego con fresas.

Mezclar 150g de yogurt griego con 5 fresas medianas cortadas a la mitad.

Valor nutricional: 150kcal, 11g proteína, 10g carbohidratos (10g azúcar), 8g grasas (5g saturadas), 10% calcio, 60% vitamina C.

9. Mix de frutos secos

Mezclar 10g de nueces, 10g de almendras y 30g de pasas de uvas.

Valor nutricional: 217kcal, 4g proteína, 25g carbohidratos (2g fibra, 17g azúcar), 13g grasas (1g saturadas), 10% magnesio.

10. Jamón y tallos de apio

Envolver 6 tallos de apio medianos con 3 rebanadas de jamón y servir con 1 cucharadita de mostaza de grano entero.

Valor nutricional: 129kcal, 15g proteína, 6g carbohidratos (6g fibra), 3g grasas, 12% calcio, 24% vitamina A, 12% vitamina C, 90% vitamina K, 18% vitamina B1, 12% vitamina B2, 24% vitamina B3, 15% vitamina B6, 24% vitamina B9.

11. Yogurt con frutas tropicales

Mezclar 150g de yogurt griego con ½ taza de kiwi cortado y ¼ de taza de mango cortado.

Valor nutricional: 210kcal, 12g proteína, 25g carbohidratos (2g fibra, 19g azúcar), 8g grasas (5g saturadas), 13% calcio, 11% vitamina A, 155% vitamina C, 46% vitamina K.

12. Yogurt de arándanos

Mezclar 150g de yogurt bajo en grasas con ½ taza de arándanos.

Valor nutricional: 136kcal, 8g proteína, 21g carbohidratos (2g fibra, 18g azúcar), 3g grasas (1g saturadas), 27% calcio, 13% vitamina C, 18% vitamina K, 21% vitamina B2, 13% vitamina B12.

13. Taza de Palomitas

Valor nutricional: 31kcal, 1g proteína, 6g carbohidratos (1g fibra).

14. Garbanzos asados

Valor nutricional para 50g: 96kcal, 4g proteína, 13g carbohidratos (4g fibra, 2g azúcar), 3g grasas.

CALENDARIO PARA QUEMAR GRASAS

Semana 1
Día 1:
Yogurt de frutas y frutos secos
Sopa de huevo con pollo y fideos
Pilaf de hongos con limón

Día 2:
Huevos y Desayuno vegano
Pavo frito revuelto
Berenjena rellena

Día 3:
Desayuno guacamole
Salmón asado al limón
Ensalada de naranjas, nueces y queso azul

Día 4:
Smoothie de fitness
Ensalada de Pollo y maíz
Curry rojo vegano

Día 5:
Panqueques de avena y banana
Trucha picante
Calabacines rellenos

Día 6:
Atún en tostada
Carne al ajo
Ensalada de frutas

Día 7:
Omelette de panceta y queso brie con ensalada
Arroz y sopa de tomate
Trucha ahumada con ensalada de remolacha, hinojo y manzana

Semana 2
Día 1:
Smoothie de bayas
Fideos de limón con brócoli y atún
Hongos muy condimentados

Día 2:
Envueltos de cebolla de verdeo y pavo
Pollo con hongos
Ensalada mexicana de arroz y frijoles

Día 3:
Huevos escalfados con salmón ahumado y espinaca
Habas y chile de pimienta
Vegetal tailandés y caldo de leche de coco

Día 4:
Humus con pan pita y vegetales
Pescado asado con Tomates marroquíes especiados
Sopa de lentejas, zanahoria y naranja

Día 5:
Avena con manzanas y pasas de uva
Estofado picante de mariscos
Curry de garbanzos y espinaca

Día 6:
Omelette de queso feta y tomates semi-secos
Pollo relleno de espinaca y dátiles
Zanahorias asadas con granada y queso azul

Día 7:
Yogurt de frutas y frutos secos
Gambas al curry
Ensalada mexicana de arroz y frijoles

Semana 3
Día 1:
Omelette de panceta y queso brie con ensalada
Chile de habas y pimienta
Trucha asada

Día 2:
Smoothie de fitness
Carne al ajo
Berenjena rellena

Día 3:
Desayuno guacamole
Pavo frito revuelto
Ensalada de frutas

Día 4:
Huevos y desayuno vegano
Salmón al limón asado
Curry rojo vegano

Día 5:
Panqueques de avena y banana
Sopa de huevo con pollo y fideos
Trucha ahumada con ensalada de remolacha, hinojo y manzana

Día 6:
Atún en tostada
Arroz y Sopa de tomate
Calabacines rellenos

Día 7:
Smoothie de bayas
Ensalada de pollo y maíz
Ensalada de naranja, nuez y queso azul

Semana 4
Día 1:
Avena con manzanas y pasas de uva
Fideos al limón con brócoli y atún
Sopa de lentejas, zanahoria y naranja

Día 2:
Huevos escalfados con salmón ahumado y espinaca
Pollo con hongos
Curry de garbanzos y espinaca

Día 3:
Envueltos de cebolla de verdeo y pavo
Estofado de mariscos picante
Zanahorias asadas con granada y queso azul

Día 4:
Omelette de queso feta y tomates semi-secos
Chile de habas y pimienta
Ensalada de frutas

Día 5:
Humus con pan pita y vegetales
Gambas al curry
Ensalada mexicana de arroz y frijoles

Día 6:
Yogurt de frutas y frutos secos
Pollo relleno de espinaca y dátiles
Vegetal tailandés y caldo de coco

Día 7:
Desayuno guacamole
Trucha asada
Berenjena rellena

2 días extras para un mes entero:
Día 1:
Smoothie de fitness
Ensalada de pollo y maíz
Ensalada de naranja, nuez y queso azul

Día 2:
Atún en tostada
Pavo frito revuelto
Curry rojo vegano

RECETAS DE ALTO RENDIMIENTO PARA QUEMAR GRASAS

DESAYUNO
1. Omelette de queso feta y tomates semi-secos

Una receta realmente rápida, simple y baja en calorías, que le dará a su día el comienzo que merece. Por un puñado extra de sabor, use tomates conservados en una mezcla de aceite de oliva y hierbas italianas.

Ingredientes (1 porción):
2 huevos ligeramente batidos
25g queso feta desmenuzado
4 tomates semi-secos picados
1 cucharadita aceite de oliva
Hojas de ensalada mixtas, para servir

Tiempo de Preparación: 5 min
Tiempo de Cocción: 5 min

Preparación:
Calentar el aceite en una sartén antiadherente pequeña, agregar los huevos y cocinar, girando con una cuchara de madera. Cuando los huevos estén medio líquidos en el medio, agregar los tomates y el queso feta, y luego doblar el Omelette a la mitad. Cocinar por 1 minuto, y deslizarlo en un plato. Servir con una mezcla de hojas de ensalada.

Valor nutricional por porción: 300kcal, 18g proteína, 20g grasas (7 saturadas), 5g carbohidratos (1g fibra, 4g azúcar),

1.8g sal, 15% calcio, 22% vitamina D, 20% vitamina A, 15% vitamina C, 25% vitamina B12.

2. Avena con manzanas y pasas de uva

Un desayuno cálido llenador y rico en calcio que es suave con el estómago y perfecto para una comida pre-entrenamiento, por su alto contenido de carbohidratos. Espolvorear con un poco de canela para una fragancia amaderada dulce.

Ingredientes (2 porciones):
50g avena
250ml leche baja en grasas
2 manzanas peladas, en cubos
50g pasas de uva
½ cucharada miel

Tiempo de Preparación: 5min
Tiempo de Cocción: 10 min

Preparación:
Llevar la leche a hervir en una cacerola a fuego medio y revolver con la avena por 3 minutos. Cuando la mezcla se vuelva cremosa, agregar las manzanas y las pasas de uvas y hervir durante otros 2 minutos. Verter la mezcla en 2 tazones, agregar miel y servir inmediatamente

Valor nutricional por porción: 256kcal, 9g proteína, 2g grasas (1g saturadas), 47g carbohidratos (4g fibra, 34g azúcar), 17% calcio, 11% hierro, 17% magnesio.

3. Humus con pan de pita y vegetales

Este es un desayuno sencillo y nutritivo que puede hacer rápidamente por la mañana y llevar para el trabajo. El humus queda en la nevera y los vegetales pueden ser rellenados en el pan de pita, haciendo de esto un sándwich fácil de agarrar.

Ingredientes (2 porciones):
1 200g lata de garbanzos escurridos
1 diente de ajo machacado
25g de Tahini
¼ cucharadita comino
Jugo de ¼ de limón
Sal, Pimienta
3 cucharadas agua
2 pan integral de pita
200g mix de verduras (zanahorias, apio, pepino)

Tiempo de Preparación: 15 min
Sin cocción

Preparación:
Combinar los garbanzos, ajo, Tahini, comino, jugo de limón, sal, pimienta y agua en una procesadora hasta que la mezcla se torne cremosa.
Servir con pan de pita tostado y mix de verduras

Valor nutricional por porción: 239kcal, 9g proteína, 9g grasas (1g saturadas), 28g carbohidratos (6g fibra, 4g azúcar), 1,1g sal, 27% hierro, 23% magnesio, 14% vitamina B1.

4. Envueltos de cebolla de verdeo y pavo

¿Qué mejor manera que utilizar trozos de pavo de sobra, que para hacer un delicioso y rápido bocadillo de tortilla? Dese un lujo alto en proteínas, bajo en grasas saturadas y con el sabor picante de la albahaca.

Ingredientes (2 porciones):
130g pavo cocinado (hervido o al horno)
3 cebollas de verdeo trituradas
1 trozo de pepino rallado
2 hojas de lechuga rizada
1 cucharadas mayonesa ligera
1 cucharada pesto
2 tortillas de harina de trigo

Tiempo de Preparación: 5mins
Sin cocción

Preparación:
Mezclar el pesto y la mayonesa. Dividir el pavo, cebollas, pepino y lechuga entre las 2 tortillas. Rociar el pesto sobre la preparación, envolver y servir.

Valor nutricional por porción: 267kcal, 24g proteína, 9g grasas (2g saturadas), 25g carbohidratos (2g fibra, 3g azúcar), 1.6g sal, 34% vitamina B3, 27% vitamina B6.

5. Smoothie de bayas

¿Qué mejor manera de conseguir la mitad del calcio diario que con esta comida a base de yogurt cremoso? Agregue un poco de fibras para hacerlo aún más nutritivo guardando la mitad de las bayas y agregándolas sobre el Smoothie cuando esté listo.

Ingredientes (2 porciones):
450g bayas congeladas
450g yogurt bajo en grasas
100ml leche baja en grasas
25g copos de avena
1 cucharadita miel (opcional)

Tiempo de Preparación: 10 min
Sin cocción

Preparación:
Mezclar las bayas, yogurt y leche en una procesadora hasta que quede suave. A continuación, añadir los copos de avena y revolver. Verter en 2 vasos y servir con un poco de miel.

Valor nutricional por porción: 234kcal, 16g proteína, 2g grasas (2g saturadas), 36g carbohidratos (14g azúcar), 45% calcio, 11% magnesio, 18% vitamina B2, 21% vitamina B12.

6. Huevos escalfados con salmón ahumado y espinaca

Un desayuno llenador y alto en proteína, que le dará a su día un comienzo muy satisfactorio. No tendrá problema en alcanzar su requerimiento diario de vitamina A y su corazón le agradecerá por la abundante cantidad de ácidos grasos omega-3.

Ingredientes (1 porción):
2 huevos
100g espinaca picada
50g salmón ahumado
1 cucharada vinagre blanco
Un poco de manteca
1 rebanada de pan de trigo integral tostado

Tiempo de Preparación: 5 min
Tiempo de Cocción: 20 min

Preparación:
Calentar una sartén antiadherente, añadir la espinaca y revolver por 2 minutos.
Para escalfar los huevos, llevar una olla con agua a punto de ebullición, añadir el vinagre y luego bajar el fuego. Revolver el agua hasta formar un remolino, y agregar los huevos uno por uno. Cocinar cada uno por 4 minutos y retirarlo con una cuchara ranurada.
Enmantecar la tostada y luego poner la espinaca, el salmón ahumado y los huevos sobre la mista. Sazonar y servir.

Valor nutricional por porción: 349kcal, 31g proteína, 19g grasas (6g saturadas), 13g carbohidratos (4g fibra, 2g azúcar),

3.6g sal, 23% hierro, 23% magnesio, 197% vitamina A, 46% vitamina C, 21% vitamina D, 15% vitamina B6, 18% vitamina B12.

7. Omelette de panceta y queso brie con ensalada

Un Omelette sabroso para aquellos que prefieren empezar el día con un relleno saludable de huevos y proteína. Corte el Omelette en trozos para darle otra mirada y saboree con una ensalada en vez del pan para reducir las calorías.

Ingredientes (2 porciones):
3 huevos ligeramente batidos
100g torreznos ahumados
50g queso brie en rodajas
Un pequeño manojo de cebollino picado
1 cucharada aceite de oliva
½ cucharadita vinagre de vino tinto
½ cucharadita mostaza de Dijon
½ pepino, cortado al medio y sin semillas
100g rábanos en cuartos

Tiempo de Preparación: 5 min
Tiempo de cocción: 15 min

Preparación:
Calentar una cucharadita de aceite en una pequeña sartén, agregar los torreznos ahumados y freír hasta que estén crujientes. Retirar y dejar escurrir sobre papel de cocina. Calentar una cucharadita de aceite en una sartén antiadherente para freír, y mezclar los torreznos, huevos y un poco de pimienta molida. Verter la mezcla en la sartén y cocinar a fuego lento hasta que esté casi hecho. Añadir el brie y asar hasta que esté dorado.

Mezclar el resto del aceite de oliva, vinagre condimentos y mostaza en un tazón, y agregar los rábanos y pepino. Servir junto con el Omelette

Valor nutricional por porción: 395kcal, 25g proteína, 31g grasas (12g saturadas), 3g carbohidratos (2g fibra, 3g azúcar), 2.2g sal, 10% vitamina A, 13% vitamina C, 15% vitamina D, 13% vitamina B12.

8. Smoothie de fitness

Un batido vegano sin leche y con jugo de granada que le dará energía para el trabajo o mantener su entrenamiento. Puede agregar una cucharada de semillas de linaza para otros 2g de fibra al bajo costo de 37kcal extras.

Ingredientes (1 porción):
125ml leche de soja
150ml jugo de granada
30g tofu
1 banana grande en trozos
1 cucharadita miel
1 cucharada almendras
2 cubos de hielo

Tiempo de Preparación: 5 min
Sin cocción

Preparación:
Mezclar la leche de soja y el jugo de granada con 2 cubos de hielo hasta que este se haya roto.
Agregar la banana, miel y tofu, y mezclar hasta que esté suave.
Verter en un vaso y espolvorear con las almendras fileteadas.

Valor nutricional por porción: 366kcal, 10g proteína, 12g grasas (1g saturadas), 55g carbohidratos (4g fibra, 50g azúcar), 13% calcio, 11% hierro, 15% magnesio, 14% vitamina C, 25% vitamina B6.

9. Atún en tostada

Una receta muy rápida, baja en calorías, que da una alta cantidad de vitamina B12, protectora de las neuronas. Si quiere un impulso de energía, esparza la pasta en un trozo de pan de trigo integral (120kcal por pieza) y servir con el pimiento a un lado.

Ingredientes (4 porciones):

2 latas de atún en agua (185g), medianamente escurridas
3 huevos duros
1 cebolla de verdeo picada finamente
5 encurtidos pequeños en cubos
Sal, Pimienta
4 Pimientos cortados a la mitad, con las semillas limpiadas

Tiempo de Preparación: 5 min
Tiempo de Cocción: 10 min

Preparación:

Combinar el atún, huevos, cebolla de verdeo, encurtidos y sazón en una procesadora, y mezclar hasta que esté suave.
Llenar las mitades de los pimientos con la mezcla y servir.

Valor nutricional por porción: 240kcal, 23g proteína, 8g grasas (2g saturadas), 4g carbohidratos (1g fibra, 2g azúcar), 14% magnesio, 47% vitamina A, 28% vitamina B6, 142% vitamina B12.

10. Panqueques de avena y banana

Disfrute de esta versión más saludable de panqueques con avena. La banana hace de un sutil sustituto del azúcar, pero puede agregar una cucharadita de miel (23kcal) en caso de que lo desee.

Ingredientes (8 panqueques):
50g copos de avena
4 huevos ligeramente batidos
2 bananas cortadas en trozos
½ cucharadita canela
1 cucharadita aceite de oliva para cada panqueque

Tiempo de Preparación: 5 min
Tiempo de Cocción: 30 min

Preparación:
Combinar todos los ingredientes en una procesadora. Calentar una sartén antiadherente, añadir una cucharadita de aceite y colocar ¼ de la mezcla. Cocinar en cada lado hasta que el panqueque quede ligeramente marrón.

Valor nutricional por panqueque: 135kcal, 4g proteína, 13g grasas (3g saturadas), 10g carbohidratos (1g fibra, 3g azúcar).

11. Desayuno Guacamole

No puede perderse de una comida que contiene aguacate. Alto en grasas saludables y fibra, con una textura suave y rico sabor realzado por un poco de jugo de limón, el desayuno de guacamole le dará energía hasta el almuerzo.

Ingredientes (2 porciones):
1 aguacate maduro
1 tomate grande picado
1 cebolla de verdeo finamente picada
1 diente de ajo machacado
Jugo de ½ limón
Sal
Pimienta negra molida
2 rebanadas de pan de trigo integral tostado

Tiempo de Preparación: 5 min
Sin cocción

Preparación:
Cortar el aguacate a la mitad (a lo largo), luego retire la pulpa con una cuchara y poner en un tazón grande. Hacerla puré con un tenedor. Verter el jugo de limón sobre la pulpa y agregar el tomate, cebolla de verdeo y ajo. Sazonar con sal y mucha pimienta negra. Mezclar, untar sobre una tostada y servir inmediatamente.

Valor nutricional por porción: 280kcal, 9g proteína, 13g grasas (2g saturadas), 30g carbohidratos (9g fibra, 5g azúcar), 10% hierro, 17% magnesio, 14% vitamina A, 29% vitamina C, 17% vitamina B6.

12. Desayuno de huevos cocidos y verdura

Un desayuno inventivo y fácil de preparar que cuece un huevo en vez de freírlo, ahorrándole una cantidad sustancial de grasas saturadas. Los huevos lo hacen llenador, mientras los vegetales no son solo sabrosos sino que también están llenos de vitamina A y C.

Ingredientes (1 porción):
2 setas de campo grandes
2 tomates medianos cortados al medio
100g espinaca
2 huevos
1 diente de ajo en rodajas finas
1 cucharadita aceite de oliva

Tiempo de Preparación: 5 min
Tiempo de Cocción: 30 min

Preparación:
Calentar el horno a 200°. Poner los tomates y setas en una fuente apta para horno. Agregar el ajo, rociar el aceite, sazonar y luego hornear por 10 minutos.
Poner las espinacas en una sartén grande y verter sobre una olla de agua hirviendo hasta que se marchite. Exprimir el exceso de agua y luego servirlas en un plato. Hacer un poco de espacio entre las verduras y romper los huevos en el plato. Cocinar por 10 minutos en el horno hasta que estén listos los huevos.

Valor nutricional por porción: 254kcal, 18g proteína, 16g grasas (4g saturadas), 16g carbohidratos (6g fibra, 10g azúcar),

31% hierro, 17% calcio, 29% magnesio, 238% vitamina A, 11% vitamina D, 102% vitamina C, 18% vitamina B1, 51% vitamina B2, 20% vitamina B3, 29% vitamina B6, 22% vitamina B12.

13. Yogurt de frutas y frutos secos

Una gran alternativa al cereal, este desayuno alto en carbohidratos lo mantendrá satisfecho hasta el almuerzo y le dará la energía necesaria para afrontar sus tareas. La mezcla de nueces proporciona una cantidad sustancial de grasas saludables, mientras que el yogurt se asegura de darle la mitad del calcio requerido por día.

Ingredientes (1 porción):
1 banana mediana en rodajas
100g arándanos (frescos o congelados)
20g nueces
20g avellanas
10g pasas de uva
200g yogurt sin grasas

Tiempo de Preparación: 5 min
Sin cocción

Preparación:
Mezclar la fruta con los frutos secos, poner en un tazón con yogurt y servir.

Valor nutricional por porción: 450kcal, 13g proteína, 25g grasas (2g saturadas), 54g carbohidratos (9g fibra, 32g azúcar), 44% calcio, 16% magnesio, 30% vitamina C, 36% vitamina B6.

ALMUERZO

14. Sopa de huevo con pollo y fideos

Un plato fácil y rápido de hacer, perfecto para una comida de mediodía. Los fideos contienen suficientes carbohidratos impulsadores de energía que lo sostendrán durante el día y la comida está llena de vitamina B.

Ingredientes (2 porciones):
1 pechugas de pollo sin piel ni hueso, en cubos
1 huevo batido
0.6l sopa de pollo
1 cebolla de verdeo finamente picada
70g fideos de trigo integral
70g choclo dulce congelado o tierno, cortado a la mitad longitudinalmente
Jugo de limón
¼ cucharadita vinagre de jerez

Tiempo de Preparación: 10 min
Tiempo de Cocción: 15 min

Preparación:
Poner el pollo y la sopa en una olla grande y llevar a fuego lento por 5 minutos. Los fideos deben ser cocidos de acuerdo a las instrucciones del paquete.
Agregar el maíz y hervir por 2 minutos. Revolver la mezcla y cuando esté aún hirviendo, romper los huevos a través de un tenedor, vertiendo lentamente. Agitar la sopa de nuevo y retirar del fuego. Agregar el jugo de limón y el vinagre. Escurrir los fideos y dividirlos en 2 tazones.

Verter el caldo, la cebolla picada y servir.

Valor nutricional por porción: 273kcal, 26g proteína, 6g grasas (1g saturadas), 30g carbohidratos (3g fibra, 2g azúcar), 1g sal, 96% vitamina B3, 42% vitamina B6.

15. Ensalada de pollo y maíz

Un pollo especiado con pimentón, servido con maíz dulce a la parrilla y una fresca lechuga, lo convierte en una ensalada sana y rápida, con grandes cantidades de vitamina B. El aderezo a base de ajo encabeza una comida ya sabrosa

Ingredientes (2 porciones):
2 pechugas de pollo sin piel pequeñas
1 mazorca de maíz
2 lechugas gema pequeñas, cortadas en cuartos
½ pepino en cubos
1 diente de ajo machacado
1 cucharada aceite de oliva
1 cucharadita pimentón
Jugo de ½ limón

Aderezo (2 porciones):
1 diente de ajo aplastado
75ml leche cuajada
1 cucharada vinagre de vino blanco

Tiempo de Preparación: 20 min
Tiempo de Cocción: 20 min

Preparación:
Cortar las pechugas de pollo al medio en sentido longitudinal, para quedarse con 4 tiras de pollo. Mezclar el pimentón, ajo, 1 cucharadita de aceite, jugo de limón y sazón, y dejar marinar el pollo por 20 minutos.
Calentar una sartén, añadir el resto del aceite y cocinar el pollo durante 3-4 minutos por lado, hasta que esté bien cocido.

Cepillar el maíz con el aceite remanente y cocinar unos 5 minutos hasta que esté ligeramente carbonizado. Asegúrese de cocinar de manera uniforme. Retirar la mazorca y cortar los granos.
Combinar los ingredientes para el aderezo.
Mezclar el pepino y la lechuga, poner el pollo y el maíz en la parte superior y rociar el aderezo.

Valor nutricional por porción: 253kcal, 29g proteína, 8g grasas (1g saturadas), 14g carbohidratos (3g fibra, 6g azúcar), 20% hierro, 40% magnesio, 96% vitamina B3, 72% vitamina B6.

16. Fideos al limón con brócoli y atún

Todo lo que necesita para preparar esta pasta de pescado picante que le dará una significante cantidad de energía son 15 minutos. La mezcla de fideos, atún y vegetales hacen de este un plato nutritivo en todos los aspectos.

Ingredientes (2 porciones):
180g fideos de trigo integral
100g lata de atún en aceite, escurrido
125g brócoli en pedazos
40g aceitunas verdes sin carozo, cortadas en cuartos
1 cucharada alcaparras escurridas
Jugo y ralladura de ½ limón
1 cucharadita aceite de oliva (más extra para servir)

Tiempo de Preparación: 5 min
Tiempo de Cocción: 10 min

Preparación:
Hervir los fideos de acuerdo a las instrucciones del paquete. Luego de 6 minutos, agregar el brócoli y hervir por 4 minutos más hasta que ambos estén tiernos.
Mezclar las aceitunas, cebolla, alcaparras, atún, ralladura de limón y jugo en un tazón grande. Escurrir la pasta y el brócoli, agregar al bowl y mezclar bien, sazonando con aceite de oliva y pimienta negra. Servir.

Valor nutricional por porción: 440kcal, 23g proteína, 11g grasas (2g saturadas), 62g carbohidratos (5g fibra, 4g azúcar), 1.4g sal, 12% hierro, 20% magnesio, 25% vitamina A, 50% vitamina B3, 25% vitamina B6, 90% vitamina B12.

17. Salmón al limón asado

Rico en grasas saludables, proteína y vitaminas B, el salmón es un pescado que definitivamente merece un lugar en su plato. Sirva con una ensalada simple de tomate y verde para saborear el fino gusto de esta comida al limón.

Ingredientes (2 porciones):
2*150g filetes de salmón
Jugo y ralladura de ½ limón
10g estragón fresco, finamente picado
1 diente de ajo, finamente picado
1 cucharada aceite

Tiempo de Preparación: 5 min
Tiempo de Cocción: 10 min

Preparación:

Revolver la ralladura de limón, jugo, ajo, estragón y aceite de oliva en un plato, condimentar con sal y pimienta, y luego agregar los filetes de salmón. Frote la mezcla sobre el pescado, cubra y deje a un lado por 10 minutos.
Calentar la parrilla a fuego alto, remover los filetes de salmón de la salsa, poner en una bandeja de hornear y cocinar por 7-10 minutos.
Servir cuando el salmón esté cocido.

Valor nutricional por porción: 322kcal, 31g proteína, 22g grasas (4g saturadas), 1g carbohidratos, 12% vitamina B2, 30% vitamina B1, 60% vitamina B3, 45% vitamina B6, 79% vitamina B12.

18. Arroz y sopa de tomate

Un plato abundante, el arroz y la sopa de tomate es una gran forma de tomar ventaja de los tomates frescos y sabrosos disponibles en verano. También puede servirlo frío, para un efecto refrescante.

Ingredientes (2 porciones):
70g arroz integral
200g tomates picados
1 cucharadita puré de tomate
1 cebolla de verdeo finamente picada
1 zanahoria finamente picada
½ tallo de apio finamente picado
½ l caldo de verduras hecho con 1 cubo
1 cucharadita azúcar
1 cucharadita vinagre
Unas hojas de perejil picado
Unas hojas de pesto para servir (opcional)

Tiempo de Preparación: 10 min
Tiempo de Cocción: 35 min

Preparación:
Calentar el aceite en una sartén grande, agregar la zanahoria, apio, cebolla y cocinar a temperatura media hasta que se ablanden. Agregar el vinagre y el azúcar, cocinar por 1 minutos y luego revolver con el puré de tomate.
Agregar los tomates, el caldo de vegetales y el arroz integral, cubrir y dejar hervir por 10 minutos.
Dividir en 2 bowls, esparcir un poco de perejil y sazonar.
Agregar pesto si se desea.

Valor nutricional por porción: 213kcal, 6g proteína, 3g grasas (1g saturadas), 39g carbohidratos (4g fibra, 13g azúcar), 1.6g sal, 16% vitamina A, 22% vitamina C.

19. Pollo relleno de espinaca y dátiles

Alta en proteína, con una cantidad de carbohidratos balanceada y un montón de vitaminas, esta comida saludable cubre casi todo, desde nutrientes hasta sabor. El relleno de dátiles y espinaca le añade una dulzura bienvenida.

Ingredientes (2 porciones):
2 pechuga de pollo deshuesada y sin piel
100g espinaca cortada
1 cebolla pequeña finamente picada
1 diente de ajo finamente picado
4 dátiles finamente picada
1 cucharada jugo de granada o miel
1 cucharadita comino
1 cucharada aceite de oliva
100g judías verdes congeladas

Tiempo de Preparación: 10 min
Tiempo de Cocción: 15 min.

Preparación:
Calentar el horno a 200°. Calentar el aceite en una sartén antiadherente, añadir la cebolla, ajo y una pizca de sal, y cocinar por 5 minutos antes de añadir los dátiles, espinaca y mitad del comino. Cocinar durante otros 1-2 minutos. Cortar las pechugas de pollo por la mitad longitudinalmente, y dejar una parte intacta de modo que se abra como un libro. Rellenar las pechugas y ponerlas en una bandeja de horno, añadir el resto del comino y sazonar. Rociar con el jugo o la miel y hornear durante 20 minutos. Servir con los guisantes congelados cocidos ligeramente al vapor.

Valor nutricional por porción: 257kcal, 36g proteína, 4g grasas (1g saturadas), 21g carbohidratos (3g fibra), 17% hierro, 23% magnesio, 97% vitamina A, 36% vitamina C, 96% vitamina B3, 49% vitamina B6.

20. Chile de pimienta y habas

Una comida vegetariana de mediodía saludable con un golpe picante, este plato es una gran manera de conseguir ½ o 1/3 de la cantidad necesaria de fibra. Puede servirla sobre una porción de arroz integral pequeña, con 170kcal añadidas a su comida.

Ingredientes (2 porciones):
170g pimientos sin semillas, en cubos
200g lata frijoles en salsa de chile
200g lata frijoles negros escurridos
200g tomates picados
1 cebolla pequeña picada
1 cucharadita comino
1 cucharadita polvo de chile
1 cucharadita pimentón dulce ahumado
1 cucharadita aceite de oliva

Tiempo de Preparación: 15 min
Tiempo de Cocción: 30 min

Preparación:
Calentar el aceite en una sartén grande, agregar la cebolla y pimientos y cocinar durante 8-10 minutos hasta que se ablanden. Añadir las especias y cocinar durante 1 minuto. Agregar los frijoles y tomates, llevar a punto de ebullición y hervir por 15 minutos. Cuando el chile se haya espesado, sazonar y servir.

Valor nutricional por porción: 183kcal, 11g proteína, 5g grasas (1g saturadas), 26g carbohidratos (12g fibra, 12g azúcar), 16%

hierro, 14% magnesio, 16% vitamina A, 22% vitamina C, 14% vitamina B1.

21. Carne al ajo

Disfrute un filete de carne hecho rápidamente que no solo es alto en proteína y bajo en grasas y carbohidratos, sino también cargado de vitamina B. Combínelo con unos tomates cherry para lograr una comida llenadora y refrescante.

Ingredientes (2 porciones):
300g falda de res recortada
3 dientes de ajo
2 cucharadas vinagre de vino tinto
1 cucharadita granos de pimienta negra
200g tomates cherry, cortados al medio y con un chorrito de vinagre

Tiempo de Preparación: 10 min
Tiempo de Cocción: 15min

Preparación:
Aplastar los granos de pimienta y el ajo con una pizca de sal en un mortero hasta obtener una pasta ligeramente suave, luego añadir el vinagre. Poner la carne en un plato y rebozar la pasta sobre él. Dejar en la nevera por 2 horas.
Colocar una cacerola a fuego alto. Remover la pasta de la carne y agregar más sal. Cocinar durante 5 minutos de cada lado (asegurarse de que el corte no sea muy grueso). Poner la carne en una tabla de cortar y dejar reposar por 5 minutos antes de cortar en rodajas. Servir con tomates cherry.

Valor nutricional por porción: 223kcal, 34g proteína, 6g grasas, 7g carbohidratos (1g fibra, 3g azúcar), 22% hierro, 16%

vitamina A, 22% vitamina C, 27% vitamina B2, 42% vitamina B3, 30% vitamina B6, 64% vitamina B12.

22. Pescado asado con Tomates Marroquíes especiados

Una comida con besugo que es una excelente fuente de proteína. La salsa Sudafricana con sus especias aromáticas complementa el sabor y también va bien con sardinas y lubina.

Ingredientes (2 porciones):
2*140g filetes de besugo sin piel
3 tomates grandes
1 ½ pimiento rojo grande, sin semillas y cortado al medio
2 dientes de ajo machacados
20ml aceite de oliva
1 cucharadita comino
1 cucharadita pimentón molido
1/8 cucharadita pimienta negra
Una pizca de cayena
Racimo pequeño de perejil, picado
Manojo pequeño de cilantro, picado

Tiempo de Preparación: 30 min
Tiempo de Cocción: 15 min

Preparación:
Calentar la parrilla a alta temperatura, colocar los pimientos con el lado de la piel hacia arriba en una bandeja de horno y colocar en la parrilla hasta que quede negro y con ampollas. Poner los pimientos en un bowl cubierto firmemente y dejar enfriar. Cuando estén fríos, remover la piel quemada y cortarlos en pedazos pequeños.
Pelar los tomates, cortarlos en cuartos, sacar las semillas y cortar en cubos.

Calentar el aceite en una sartén grande, añadir el ajo, pimienta molida y las especias, y cocinar por 2 minutos. Agregar los pimientos y tomates y cocinar a fuego medio hasta que los tomates estén muy suaves. Aplastar los tomates y continuar la cocción hasta que el líquido se reduzca a salsa.
Calentar la parrilla a fuego alto, colocar el pescado en una bandeja para hornear forrada con papel de aluminio ligeramente engrasado. Sazonar y asar por 4-5 minutos hasta que esté bien cocido. Dividir la salsa en platos, poner el pescado encima y servir con las hierbas picadas.

Valor nutricional por porción: 308kcal, 25g proteína, 18g grasas (2g saturadas), 16g carbohidratos (4g fibra, 12 g azúcar), 23% magnesio, 45% vitamina A, 55% vitamina C, 12% vitamina B1, 12% vitamina B2, 14% vitamina B3, 34% vitamina B6.

23. Curry de gamba

Solo necesita 20 minutos para hacer este delicioso plato de mar saboreado de curry. La cremosa y aromática salsa de cerezas va bien con una porción de arroz integral (175kcal por porción).

Ingredientes (2 porciones):
200g gambas congeladas
200g tomates picados
25g crema de coco
1 cebolla pequeña picada
1 cucharadita pasta de curry rojo Thai
½ cucharadita raíz de jengibre fresco
1 cucharadita aceite de oliva
Cilantro picado

Tiempo de Preparación: 5 min
Tiempo de Cocción: 15 min

Preparación:
Calentar el aceite en una cacerola. Poner la cebolla y el jengibre y cocinar por unos minutos hasta que ablanden. Agregar la pasta de curry, revolver y cocinar por 1 minuto más. Verter los tomates y la crema de coco, llevar a punto de hervor y dejar cocinar por 5 minutos, agregando un poco de agua hirviendo si la mezcla se torna muy densa.
Agregar las gambas y cocinar por otros 5-10 minutos. Espolvorear con el cilantro y servir.

Valor nutricional por porción: 180kcal, 20g proteína, 9g grasas (4g saturadas), 6g carbohidratos (1g fibra, 5g azúcar), 1g sal,

18% hierro, 10% magnesio, 20% vitamina A, 26% vitamina C, 13% vitamina B3, 25% vitamina B12.

24. Pollo con setas

Un plato saludable, este guiso de pollo tiene una alta cantidad de proteína que lo mantendrá satisfecho hasta la cena. Los muslos de pollo añaden sabor y jugosidad adicional, mientras que los hongos son responsables de la sensación picante de esta comida de mediodía baja en calorías.

Ingredientes (2 porciones):
250g muslos de pollo sin piel
125ml caldo de pollo
25g guisantes congelados
150g setas
25g cubo de panceta
1 chalote grande picado
1 cucharada aceite de oliva
1 cucharadita vinagre de vino blanco
Harina para espolvorear
Puñado pequeño de perejil, finamente picado

Tiempo de Preparación: 15 min
Tiempo de Cocción: 25 min

Preparación:
Calentar una cucharadita de aceite en una sartén antiadherente, sazonar y espolvorear el pollo con la harina. Dorar en todos los lados y luego remover el pollo y freír la panceta y setas hasta que se ablanden.
Agregar el resto del aceite de oliva y cocinar los chalotes por 5 minutos. Agregar el caldo, vinagre y hierva por 1-2 minutos. Poner nuevamente el pollo, panceta y setas en la sartén y

cocinar por 15 minutos. Agregar los guisantes y perejil, cocinar 2 minutos más y luego servir.

Valor nutricional por porción: 260kcal, 32g proteína, 13g grasas (3g saturadas), 4g carbohidratos (3g fibra, 1 g azúcar), 1g sal, 21% hierro, 39% vitamina D, 12% vitamina B2, 34% vitamina B3, 17% vitamina B6.

25. Revuelto frito de pavo

Alto en proteína, de rápida cocción y sabroso, este plato es un almuerzo perfecto y picante. Su contenido en carbohidratos lo llenará de energía, por lo que puede ser ideal para pre-entrenamiento.

Ingredientes (2 porciones):
200g filetes de pechuga de pavo cortada en tiras (sin grasa)
150g fideos de arroz
170g judías verdes cortadas al medio
1 diente de ajo en rodajas
1 cebolla morada pequeña, cortada
½ chile rojo finamente picado
Jugo de ½ lima
½ cucharadita aceite de oliva
½ cucharadita polvo de chile
1 cucharadita salsa de pescado
Menta picada
Cilantro picado

Tiempo de Preparación: 10 min
Tiempo de Cocción: 15 min

Preparación:
Cocinar los fideos de acuerdo a las instrucciones del paquete. Calentar el aceite en una sartén antiadherente y freír el pavo a fuego fuerte durante 2 minutos. Añadir la cebolla, ajo y habas y cocinar por otros 5 minutos.
Poner el jugo de lima, chile, polvo de chile y salsa de pescado, revolver y cocinar por 3 minutos. Revolver en los fideos y hierbas de acuerdo a su gusto, y servir.

Valor nutricional por porción: 425kcal, 32g proteína, 3g grasas (1g saturadas), 71g carbohidratos (4g fibra, 4g azúcar), 1 g sal, 12% hierro, 10% magnesio, 12% vitamina A, 36% vitamina C, 13% vitamina B1, 24% vitamina B2.

26. Trucha picante

Pruebe esta receta de trucha fácil y saludable, para una comida liviana de verano. Una gran fuente de vitamina B12, este pescado blanco al limón puede ser servido con una guarnición de ensalada verde espolvoreada con sal marina y un poco de jugo de limón para un sabor picante extra.

Ingredientes (2 porciones):
2 filetes de trucha
15g piñones tostados y picados
25g pan rallado
1 cucharadita mantequilla blanda
1 cucharadita aceite de oliva
Jugo y ralladura de ½ limón
1 puñado de perejil picado

Tiempo de Preparación: 10 min
Tiempo de Cocción: 5 min

Preparación:
Calentar la parrilla a fuego alto. Colocar los filetes con la piel hacia abajo sobre una fuente de horno aceitada.
Mezclar el pan rallado, jugo de limón y ralladura, mantequilla, perejil y la mitad de los piñones. Desparrame la mezcla en una capa fina sobre los filetes, rociar con el aceite y poner en la parrilla por 5 minutos. Espolvorear encima el resto de los piñones y servir con coliflor al vapor o judías verdes.

Valor nutricional por porción: 298kcal, 30g proteína, 16g grasas (4g saturadas), 10g carbohidratos (1g fibra, 1g azúcar),

11% magnesio, 14% vitamina B1, 41% vitamina B3, 25% vitamina B6, 150% vitamina B12.

27. Marisco picante

Invite a sus sentidos a esta mezcla picante de langostinos, almejas y pescado blanco que proporciona una cantidad abundante de proteína y cubre la mayor parte de las vitaminas B. Asegúrese de usar mariscos frescos para maximizar el sabor de esta cazuela.

Ingredientes (2 porciones):
100g gambas grandes peladas
150g almejas
150g filetes de pescado blanco (cortados en trozos de 3cm)
250g papas pequeñas cortadas a la mitad y hervidas
130g tomates picados
350ml caldo de pollo
1 cebolla pequeña picada
2 dientes de ajo picados
1 chile ancho seco
Jugo de 1 lima
½ cucharadita pimentón picante
½ cucharadita comino molido
1 cucharadita aceite de oliva
Rodajas de lima para servir (opcional)

Tiempo de Preparación: 15 min
Tiempo de Cocción: 30 min

Preparación:
Tostar los chiles en una sartén caliente hasta que se hinchen un poco, a continuación remover, quitar las semillas y el tallo. Remojar en agua hirviendo por 15 minutos.

Calentar el aceite de oliva en una sartén grande, agregar la cebolla y ajo, sazonar y cocinar hasta que estén suaves. Añadir el pimentón, ají, comino, tomate y caldo y rehogar por 5 minutos. Mezclar en una batidora hasta que esté suave. Verter nuevamente en la sartén y llevar a punto de hervor. Dejar hervir por 10 minutos. Agregar las gambas, filetes de pescado, almejas y papas, tapar y cocinar por 5 minutos a fuego medio-alto. Servir con rodajas de lima si le apetece.

Valor nutricional por porción: 347kcal, 44g proteína, 6g grasas (1 g saturadas), 28g carbohidratos (4g fibra, 7g azúcar), 1.1g sal, 18% magnesio, 12% vitamina A, 40% vitamina C, 16% vitamina B1, 10% vitamina B2, 23% vitamina B3, 26% vitamina B6, 62% vitamina B12.

CENA

28. Berenjena rellena

Una comida vegetariana sabrosa, con un relleno de queso crujiente y pan rallado, que es ligera y perfecta para la cena. Olvídese de los pimientos rellenos y pruebe esta sabrosa berenjena.

Ingredientes (2 porciones):
1 berenjena
60g mozzarella vegetariana, en trozos
1 cebolla pequeña finamente picada
2 dientes de ajo finamente picados
1 cucharada aceite de oliva, más extra para servir
6 tomates cherry cortados al medio
Un puñado de hojas de albahaca picada
Pan rallado de trigo integral

Tiempo de Preparación: 15 min
Tiempo de Cocción: 40 min

Preparación:
Calentar el horno a 200°C. Cortar las berenjenas longitudinalmente por la mitad. Cortar un borde dentro de la berenjena de 1cm de espesor. Usando una cucharadita, remover la pulpa de la berenjena. Picar el relleno y dejar a un lado. Remojar las berenjenas con un poco de aceite, sazonar y poner en una fuente de horno. Cubrir con papel de aluminio y hornear 20 minutos.
Añadir el resto del aceite a una sartén antiadherente. Agregar la cebolla y cocinar hasta que esté suave, luego añadir la

berenjena picada y cocinar. Agregar el ajo y los tomates, y cocinar por otros 3 minutos.

Cuando las berenjenas estén tiernas retirar del horno y rellenarlas. Espolvorear pan rallado y rociar con un poco de aceite. Reducir el calor del horno a 180°C. Hornear durante 15-20 minutos hasta que el queso se haya derretido y el pan rallado esté dorado. Servir con una ensalada verde.

Valor nutricional por porción: 266kcal, 9g proteína, 20g grasas (6g saturadas), 14g carbohidratos (5g fibra, 7g azúcar), 1g sal, 15% vitamina A, 19% calcio.

29. Ensalada de naranja, nuez y queso azul

Pruebe esta ensalada agridulce con queso azul desmenuzado y nueces picadas para una cena ligera. Ésta receta sin cocción, alta en grasas saludables y vitamina C, lleva solo 10 minutos para hacer y es una gran forma de terminar un día ocupado.

Ingredientes (2 porciones):
1*100g bolsa de ensalada mixta (espinaca, rúcula y berros)
1 naranja grande
40g nueces, picadas
70g queso azul desmenuzado
1 cucharadita aceite de nuez

Tiempo de Preparación: 10 min
Sin cocción

Preparación:
Vaciar la ensalada en un tazón. Pelar las naranjas y cortar los segmentos de la médula en un tazón pequeño para tomar el jugo. Batir el aceite de nuez en el jugo de naranja y verter sobre las hojas de ensalada. Mezclar la ensalada, dispersar algunos gajos de naranja, queso azul, nueces y servir.

Valor nutricional por porción: 356kcal, 14g proteína, 30g grasas (10g saturadas), 8g carbohidratos (3g fibra, 8g azúcar), 19% calcio, 10% magnesio, 20% vitamina A, 103% vitamina C, 10% vitamina B1.

30. Ensalada mexicana de arroz y frijoles

Una comida picante baja en grasas con sabores latinoamericanos, la ensalada mexicana de arroz y frijoles está repleta con vegetales y es una cena llenadora. Retóquelo un poco y use una lata de frijoles mixtos para un plato más colorido.

Ingredientes (2 porciones):
90g arroz integral
200g lata ensalada de frijol negro escurrida
½ aguacate maduro, picado
2 cebollas de verdeo picadas
½ pimiento rojo, sin semillas y picado
Jugo de ½ lima
1 cucharadita mezcla de especias Cajún
Pequeño manojo de cilantro picado

Tiempo de Preparación: 15 min
Tiempo de Cocción: 20 min

Preparación:
Cocinar el arroz siguiendo las instrucciones del paquete. Escurrir y dejar enfriar en agua. Mezclar los frijoles, pimientos, cebollas y aguacate.
Mezclar el jugo de lima con pimienta negra y las especias Cajún, y luego verter sobre el arroz. Agregar el cilantro y servir.

Valor nutricional por porción: 326kcal, 11g proteína, 10g grasas (2g saturadas), 44g carbohidratos (6g fibra, 4g azúcar), 10% hierro, 15% magnesio, 11% vitamina B1, 13% vitamina B6.

31. Curry de garbanzos y espinaca

Prepare esta comida reconfortante para una gran noche. Alta en vitamina A y proteína, este plato de verdura puede ser servido con un poco de pan indio. Cuidado con las calorías extras, un pedazo de pan indio contiene 140kcal.

Ingredientes (2 porciones):
1*400g lata garbanzos escurridos
200g tomates cherry
130g hojas de espinaca
1 cucharada pasta de curry
1 cebolla pequeña picada
Jugo de limón

Tiempo de Preparación: 5 min
Tiempo de Cocción: 15 min

Preparación:
Calentar la pasta de curry en una sartén antiadherente. Cuando empiece a separarse, agregar la cebolla y cocinar por 2 minutos hasta que se ablande. Añadir los tomates y dejar hervir hasta que la salsa se haya reducido.
Agregar los garbanzos y un poco de aderezo, y cocinar por un minuto extra. Remover del fuego, agregar la espinaca (el calor marchitará las hojas). Sazonar, agregar el jugo de limón y servir.

Valor nutricional por porción: 203kcal, 9g proteína, 4g grasas, 28g carbohidratos (6g fibra, 5g azúcar), 1.5g sal, 25% hierro, 29% magnesio, 129% vitamina A, 61% vitamina C, 58% vitamina B6.

32. Vegetales Tailandeses y Caldo de Leche de Coco

Una porción de fideos al huevo cubierta con un delicioso caldo de verduras le da un sabor Tailandés rápido y delicioso. Si prefiere un caldo más grueso, use menos caldo de verdura, de acuerdo a su gusto.

Ingredientes (2 porciones):
200ml lata leche de coco baja en grasas
500ml caldo de verduras
90g fideos al huevo
1 zanahoria cortada en juliana
¼ repollo blanco en rodajas
75g soja
3 tomates cherry cortados al medio
2 cebollas de verdeo pequeñas, cortadas por la mitad y en rodajas
Jugo de ½ lima
1 ½ cucharaditas pasta de curry rojo Thai
1 cucharadita azúcar negra
1 cucharadita aceite de oliva
Un puñado de cilantro picado

Tiempo de Preparación: 15 min
Tiempo de cocción: 10 min

Preparación:
Calentar el aceite en un wok y a continuación agregar la pasta de curry. Freír durante 1 minuto. Agregar el caldo de verduras, azúcar negra y leche de coco, y cocinar a fuego lento por 3 minutos.

Agregar los fideos, zanahorias, repollo y cocinar a fuego lento hasta que estén tiernos. Añadir los brotes de soja y los tomates, jugo de limón a gusto y un poco de condimento extra. Colocar la mezcla en tazones y espolvorear con cilantro y cebolla.

Valor nutricional: 338kcal, 10g proteína, 14g grasas (7g saturadas), 46g carbohidratos (5g fibra, 12g azúcar), 1.2g sal, 14% hierro, 16% magnesio, 10% vitamina B3.

33. Calabacines rellenos

Una cena vegetariana sana, ligera para el estómago y una delicia de cocinar. Los calabacines se condimentan con una mezcla de piñones, tomates secos y queso parmesano fino. Puede pincelar los calabacines con un poco de peso en vez de aceite de oliva, antes de ponerlos en el horno.

Ingredientes (2 porciones):
2 calabacines cortados por la mitad longitudinalmente
2 cucharaditas aceite de oliva
Ensalada mixta para servir

Relleno:
25g piñones
3 cebollas de verdeo finamente rebanadas
1 diente de ajo machacado
3 tomates secos en aceite escurridos
12g queso parmesano finamente rallado
25g migajas de pan blanco
1 cucharadita hojas de tomillo

Tiempo de Preparación: 10 min
Tiempo de Cocción: 35 min

Preparación:
Calentar el horno a 200°C. Poner los calabacines en una fuente para horno, con el corte hacia arriba. Pincelar con una cucharadita de aceite de oliva y cocinar por 20 minutos. Mezclar todos los ingredientes del relleno en un tazón y sazonar con pimienta blanca. Verter la mezcla sobre los calabacines y rociar con el aceite de oliva restante. Hornear

por otros 10-15 minutos, hasta que estén blandos y el relleno este crujiente. Servir caliente con una ensalada mixta.

Valor nutricional por porción: 244kcal, 10g proteína, 17g grasas (3 saturadas), 14g carbohidratos (3g fibra, 5g azúcar), 56% vitamina C, 16% vitamina B2, 21% vitamina B6.

34. Ensalada de frutas

Una ensalada de frutas repleta de vitamina C, endulzada con miel y lista para servir en 10 minutos. Agregue un poco de menta fresca para hacerla cantar.

Ingredientes (1 porción):
1 pomelo sin cáscara y sin médula
2 albaricoques en rodajas
2 naranjas peladas y sin médula
1 cucharadita miel clara

Tiempo de preparación: 5 min
Sin cocción

Preparación:
Poner los albaricoques en un tazón grande. Cortar las naranjas y pomelos en el tazón para tomar los jugos. Revolver con la miel y servir.

Valor nutricional por porción: 166kcal, 4g proteína, 36g carbohidratos (8g fibra, 28g azúcar), 46% vitamina A, 184% vitamina C, 13% vitamina B1.

35. Setas condimentadas

Disfrute de una comida picante y saludable, con un acompañamiento de ensalada fresca y crujiente. Duplique la porción para un mayor contenido de fibra y proteína, o acompañe de un baguete mediano (150kcal).

Ingredientes (2 porciones):
8 setas planas grandes
2 dientes de ajo machacados
2 cucharadas aceite de oliva
2 cucharadas salsa inglesa
2 cucharadas mostaza de grano entero
1 cucharadita pimentón
140g mezcla de hojas de ensalada, con berros y acelga

Tiempo de Preparación: 10 min
Tiempo de Cocción: 15 min

Preparación:
Calentar el horno a 180°C. Mezclar la mostaza, aceite, ajo y salsa inglesa en un tazón grande, sazonar con pimienta negra molida y sal. Agregar las setas a la mezcla y mezclar bien para cubrirlas de manera uniforme. Poner las setas en una fuente para horno, espolvorear con pimentón y cocinar por 8-10 minutos.
Dividir las hojas de ensalada en 2 porciones con 4 setas en cada plato. Verter los jugos y servir inmediatamente.

Valor nutricional por porción: 102kcal, 8g proteína, 14g grasas (2g saturadas), 8g carbohidratos (4g fibra), 1g sal, 20% vitamina B2, 16% vitamina B3.

36. Trucha Ahumada con Ensalada de Remolacha, Hinojo y Manzana

Un delicado pescado ahumado caliente complementado por una manzana crujiente y la colorida remolacha, hacen a una exótica ensalada con una combinación de sabor magnífica. La trucha es una fuente ideal de B12 y proteína de alta calidad.

Ingredientes (2 porciones):
140g filete de trucha ahumada sin piel
100g remolacha en vinagre, escurrida y descuartizada
4 cebollas de verdeo en rodajas
1 manzana verde sin piel, sin corazón y en rodajas
½ pequeño bulbo de hinojo recortado en rodajas finas
Pequeño manojo de hojas de eneldo, finamente picado
2 cucharadas yogurt bajo en grasas
1 cucharadita salsa de rábano picante

Tiempo de Preparación: 10 min
Sin cocción

Preparación:
Colocar el hinojo en un plato, dispersar las remolachas, cebolla de verdeo y manzana. Cortar la trucha en trozos gruesos y poner en la parte superior. Espolvorear con la mitad del eneldo.
Mezclar el yogurt y el rábano picante con 1 cucharada de agua fría. A continuación, añadir el resto del eneldo y revolver. Verter la mitad del aderezo sobre la ensalada y mezclar suavemente. Poner el resto del aderezo y servir.

Valor nutricional por porción: 183kcal, 19g proteína, 5g grasas (1g saturadas), 16g carbohidratos (5g fibra, 16g azúcar), 1.6g sal, 12% hierro, 11% vitamina A, 20% vitamina C, 20% vitamina B1, 17% vitamina B2, 20% vitamina B3, 100% vitamina B12.

37. Zanahorias asadas con granada y queso de cabra

Una comida completa cuando se trata de nutrientes, esta combinación de vegetales dulces y jugos amargos es una opción de cena saludable e interesante. Asegúrese de separar las semillas de granada y agregarlas antes de servir si planea hacer una gran cantidad.

Ingredientes (2 porciones):
375g zanahorias
40g semillas de granada
50g queso de cabra desmenuzado
200g lata garbanzos escurridos
Jugo y ralladura de ½ naranja
1 cucharada aceite de oliva
1 cucharadita semillas de comino
Pequeño montón de menta picado

Tiempo de Preparación: 10 min
Tiempo de Cocción: 50 min

Preparación:
Calentar el horno a 170°C. Poner las zanahorias en un tazón y revolver con la mitad del aceite de oliva, semillas de comino, ralladura de naranja y sal. Verter las zanahorias en una hoja de hornear y asar por 50 minutos hasta que se pongan tiernas y coloreadas en los bordes.
Revolver los garbanzos en las zanahorias asadas, y luego verter en un plato. Rociar con el aceite restante y el jugo de naranja. Añadir el queso de cabra, espolvorear con semillas de granada y hierbas, y servir.

Valor nutricional por porción: 285kcal, 12 g proteína, 15g grasas (6g saturadas), 30g carbohidratos (6g fibra, 16g azúcar), 15% calcio, 12% hierro, 14% magnesio, 610% vitamina A, 28% vitamina C, 12% vitamina B1, 18% vitamina B2, 11% vitamina B3, 37% vitamina B6.

38. Sopa de lentejas, zanahorias y naranja

Una sopa interesante hecha con jugo de naranja que hará más que cubrir su requerimiento diario de vitamina C. Saludable, con sabores que funcionan bien juntos, esta receta es una delicia picante. Puede aguarla un poco si la encuentra demasiado espesa.

Ingredientes (2 porciones):
75g lentejas rojas
225g zanahorias en cubos
300ml jugo de naranja
1 cebolla picada
600ml caldo de verduras
2 cucharadas yogurt bajo en grasas
1 cucharadita semillas de comino
2 cucharaditas semillas de cilantro
Cilantro fresco picado para decorar

Tiempo de Preparación: 15min
Tiempo de Cocción: 35 min

Preparación:
Machacar las semillas en un mortero, luego freír en seco por 2 minutos hasta que se dore. Agregar las lentejas, zanahoria, cebolla, jugo de naranja, caldo y condimentos, y hervir. Cubrir y cocinar a fuego lento por 30 minutos hasta que las lentejas se ablanden.
Transfiera la mezcla a una procesadora y mezclar hasta que esté uniforme. Volver a la sartén, calentar a fuego medio y revolver ocasionalmente. Sazonar a gusto y verter en tazones,

verter el yogurt encima, espolvorear con hojas de cilantro y servir inmediatamente.

Valor nutricional por porción: 184kcal, 8g proteína, 2g grasas, 34g carbohidratos (4g fibra), 1g sal, 340% vitamina A, 134% vitamina C, 16% vitamina B1, 11% vitamina B3, 13% vitamina B6.

39. Curry Rojo Vegetariano

Podría tomar casi una hora para hacer, pero este plato Tailandés seguramente pondrá su paladar en acción. Rico en nutrientes, este curry vegetariano cremoso tiene los ingredientes de un plato independiente, pero puede ser también servido con una guarnición de arroz integral hervido (175kcal extra).

Ingredientes (2 porciones):
70g setas
70g guisantes azucarados
½ calabacín picado en trozos
½ berenjena cortada en trozos
100g tofu firme cortado en cubos
200ml lata leche de coco baja en grasas
1 chile rojo (1/2 finamente cortado, ½ en rodajas)
¼ pimiento rojo sin semillas y picado
2 cucharadas salsa de soja
Jugo de 1 lima
1 cucharada aceite de oliva
10g hojas de albahaca
½ cucharadita azúcar negra

Pasta:
3 chalotes picados
2 chiles rojos pequeños
½ limoncillo picado
1 diente de ajo
10g de tallos de cilantro
½ pimiento rojo, sin semillas y picado
Ralladura de ½ lima

¼ cucharadita raíz de jengibre rallada
½ cucharadita cilantro molido
½ cucharadita pimienta molida

Tiempo de Preparación: 30 min
Tiempo de Cocción: 20 min.

Preparación:
Marinar el tofu en la mitad del jugo de lima, 1 cucharada de salsa de soja y el chile cortado.
Poner los ingredientes de la pasta en una procesadora de alimentos.
Calentar la mitad del aceite en una sartén, añadir 2 cucharadas de pasta y freír por 2 minutos. Agregar la leche de coco con 50ml de agua, la berenjena, calabacín y pimiento. Cocinar hasta que estén casi tiernos. Escurrir el tofu, secar y freír en el aceite restante en una cacerola pequeña hasta que se dore.
Añadir las setas, guisantes y la mayor parte de la albahaca. Sazonar con azúcar, resto del jugo de lima y salsa de soja. Cocinar hasta que las setas estén tiernas, y añadir el tofu. Espolvorear con la albahaca, añadir el chile en rodajas y servir.

Valor nutricional por porción: 233kcal, 8g proteína, 18g grasas (10g saturadas), 11g carbohidratos (3g fibra, 7g azúcar), 3g sal, 13% calcio, 12% hierro, 14% magnesio, 11% vitamina A, 65% vitamina C, 15% vitamina B1, 21% vitamina B2, 12% vitamina B3, 22% vitamina B6.

40. Pilaf de setas con limón

Este Pilaf de hongos bajo en grasas es tu boleto a una alternativa más ligera al risotto. Agregue un puñado de guisantes verdes para un plato más colorido, y siéntase libre de reemplazar los cebollines con cebollas de verdeo.

Ingredientes (2 porciones):
100g arroz integral
150g setas en rodajas
250ml caldo de verduras
1 cebolla pequeña cortada
1 diente de ajo machacado
3 queso fresco suave con ajo y hierbas
Ralladura y jugo de ½ limón
Pequeño manojo de cebollín

Tiempo de Preparación: 10 min
Tiempo de Cocción: 30 min

Preparación:
Colocar la cebolla en una sartén antiadherente, añadir unas cucharadas del caldo y cocinar por 5 minutos hasta que ablanden. Agregar el ajo y las setas y cocinar por 2 minutos más. Mientras mezcla, agregar el arroz integral y el jugo y ralladura de limón. Verter el caldo restante, sazonar y llevar a punto de hervor. Bajar el fuego, cubrir la sartén y dejar a fuego bajo por 30 minutos hasta que el arroz ablande. Revolver con la mitad del cebollín y queso. Dividir en 2 platos y servir con el queso y cebollín restante.

Valor nutricional por porción: 249kcal, 12g proteína, 4g grasas (2g saturadas), 44g carbohidratos, 2g fibra, 4g azúcar), 11% vitamina A, 23% vitamina B2.

CAPÍTULO 3: ¿CÓMO PUEDEN LOS ATLETAS BENEFICIARSE CON LA MEDITACIÓN?

La meditación puede ser usada por los atletas por diferentes razones: estrés, ansiedad, concentración, nervios, etc. Los atletas pueden beneficiarse con la meditación viendo una recuperación más veloz, la cual es fundamental cuando se trata de empujarse al siguiente nivel de rendimiento. Las sesiones de entrenamiento serán más intensas y de mayor calidad gracias a un mejorado nivel de concentración y reducida fatiga muscular. La mayoría de los atletas verán una reducción en el nerviosismo antes y durante competiciones, que les ayudará a competir mejor y con más confianza.

Una vez que comience a practicar diariamente se encontrará con una capacidad incrementada para concentrarse y enfocar cuando llega el momento de actuar bajo presión y en condiciones inesperadas. Este aumento de capacidad para enfocar lo llevará a un nivel incluso más alto de rendimiento.

Los atletas con riesgo de enfermedades del corazón pueden beneficiarse significativamente con la meditación. Los médicos están prescribiendo más meditación y menos medicación, lo que es sentido común para algunos y un cambio de vida para otros. Simplemente reduciendo la cantidad de estrés al que un atleta es expuesto regularmente, reducirá los niveles de presión arterial y mejorará su competitividad, siendo capaces de asumir más entrenamiento. Algunos atletas han descubierto que la meditación puede usualmente ayudar a combatir la alimentación por estrés, algo de lo que no se habla mucho pero que es un factor significante que aleja a las personas de alcanzar su pico de rendimiento. Los atletas pueden usualmente descubrir que están más en control de sus vidas después de repetir las sesiones de meditación, lo cual reduce el estrés y, como un beneficio directo, reduce el riesgo de enfermedades cardíacas.

La pérdida de peso es un problema común por no tener un planeamiento adecuado y no ser capaz de seguir dietas por falta de disciplina o malos hábitos. LA MEDICACIÓN PUEDE REALMENTE AYUDAR A BAJAR DE PESO cuando comer de más es causada por el estrés.

A los atletas que tratan de romper con los malos hábitos les resultará difícil cambiar sus viejos hábitos y empezar un nuevo camino. Fumar, beber alcohol, nerviosismo, enojarse, y otros hábitos negativos pueden ser controlados mediante la meditación, ya que puede reducir los antojos. Frenar las cosas y el uso de técnicas de respiración para enfocarse en la superación de los malos hábitos al meditar puede ser una técnica poderosa que parece menos obvia pero más relevante cuando los éstos se han desarrollado a causa del estrés y el enojo.

Los atletas que sufren de depresión y ansiedad también sufren de estrés, ya que es un gran contribuyente a las primeras dos. Los estados negativos de salud pueden ser mejorados dramáticamente mediante la práctica de meditación regularmente. Al practicar la meditación, notará que le es más fácil tener control sobre su humor y se sentirá más positivo acerca del futuro en general. Muchos atletas se preocupan demasiado acerca del resultado o resultados pasados, que son irrelevantes al presente si se toma el tiempo para maximizar su potencial actual mediante una mejorada nutrición y meditación. Si su objetivo es controlar sus pensamientos y emociones mejor, encontrará que meditando puede calmarlo y permitirle no sentirse abrumado bajo situaciones agotadoras.

CAPÍTULO 4: LOS MEJORES TIPOS DE MEDITACIÓN PARA MARATÓN

Atención plena

Durante la atención plena, los atletas deberían tratar de permanecer en el presente en cada pensamiento que tienen en la mente.

Este tipo de meditación le enseña a volverse consciente de sus patrones de respiración, pero no trata de cambiarlos en ninguna forma con prácticas respiratorias. Esta es una forma más pasiva de meditación comparada con otras más activas que requerirá que cambie sus patrones de respiración. La atención plena es uno de los tipos más comunes de meditación en el mundo, y uno del cual todos los atletas pueden beneficiarse enormemente.

Meditación enfocada

Los atletas que usan la meditación están direccionando sus problemas a un problema específico, emoción u objeto en el cual quieren enfocarse y para el cual quieren encontrar su solución.

Empiece por despejar su mente de todas las distracciones y tomándose un tiempo para enfocarse en un sonido, objeto o pensamiento único. Está tratando de enfocarse por el mayor tiempo posible en este estado de ánimo donde puede re direccionar su concentración a un objetivo que quiera lograr.

Es de su elección si quiere pasar a otro objetivo o pensamiento, o puede también mantener ese enfoque inicial en el sonido, objeto o pensamiento que primeramente tuvo.

Meditación de movimiento

La meditación de movimiento es otra forma de meditación que debería probar también. Es un tipo de meditación en el cual se enfoca en sus patrones de respiración, moviendo el aire hacia y desde sus pulmones, mientras hace patrones de movimiento de flujo (con las manos), que repetirá. Al principio podrá sentirse incómodo al moverse con los ojos cerrados, pero con el tiempo se dará cuenta de que es en realidad muy relajante y le ayudará a mejorar su salud en general.

Una conexión de mente a cuerpo será optimizada en este tipo de meditación, especialmente para las personas que tienen problemas para quedarse quietos y prefieren moverse en un movimiento fluido natural. Estos movimientos deberían ser lentos y repetitivos. Cuanto más controlados sean, mejor. Hacer movimientos rápidos o violentos deshará el beneficio de la meditación.

La gente que practica yoga usualmente encuentra esta forma de meditación genial, ya que es un gran complemento y es similar a los ejercicios de respiración y movimiento del yoga. Ambos mejoran el control sobre usted y sus pensamientos. Para la gente que nunca ha hecho yoga antes y han hecho meditación de movimiento, descubrirán que calentando con algunos ejercicios basados en yoga pueden facilitarle los movimientos de meditación más rápido. El objetivo es entrar en un estado de meditación más rápido, y el yoga definitivamente lo ayudará a hacerlo de forma natural. Mientras que el yoga se enfoca más en mejorar la flexibilidad y desarrollar fuerza muscular, la meditación de movimiento está dirigida hacia el estado mental y patrones de respiración lentos.

Meditación mantra

La meditación mantra le ayudará a enfocarse mejor en sus pensamientos y limpiar su mente para maximizar el efecto de meditación.

Durante la meditación mantra, usted estará citando mantras una y otra vez mientras sigue su proceso meditativo.

Un mantra puede ser un sonido, frase u oración que es cantado una y otra vez.

No nos enfocaremos en la meditación espiritual pero es otro tiempo de meditación más allá de la meditación enfocada, atención plena y meditación de movimiento.

Todas las personas son diferentes, lo que significa que no debe usar un solo tipo de meditación para cumplir sus objetivos. Puede usar una o más formas de meditación y en diferente orden.

CAPÍTULO 5: ¿CÓMO PREPARARSE PARA MEDITAR?

Una vez que sepa qué tipo de meditación hará, usted necesita saber cómo prepararse para meditar. Asegúrese de no apurar su proceso de meditación, ya que eso reducirá los efectos generales y disminuirá los posibles resultados.

EQUIPO: Coloque una alfombra, manta, toalla o silla donde planee meditar.
Algunas personas prefieren usar una toalla (lo cual es genial cuando viaja fuera de la ciudad), o una alfombra para sentarse o recostarse sobre su espalda. Otros prefieren sentarse en una silla para tener una posición estable que lo ayudará a no dormirse si se siente muy relajado.
Yo prefiero sentarme en una alfombra de yoga ya que es una posición que siento me ayuda a enfocarme y relajarme. A veces caliento con yoga o estiramiento estático asique ya tendré mi alfombra lista, pero cuando viajo simplemente uso una toalla gruesa.
Estar cómodo es muy importante para entrar en el correcto estado mental, asique asegúrese de usar el equipamiento adecuado para empezar.

TIEMPO: Decida de antemano cuánto tiempo meditará
Asegúrese de decidir de antemano por cuánto tiempo planea meditar y con qué propósito. Para algo simple como enfocarse en ser positivo y respirar, puede planificar una sesión corta de 5 a 15 minutos. Pero si planea enfocarse en un problema y quiere intentar encontrar una solución, quizás querrá darse suficiente tiempo para relajarse primero mediante patrones de

respiración y luego enfocar en soluciones alternativas al problema. Esto puede llevar entre 10 minutos y una hora o más, dependiendo de su nivel de experiencia en meditación, o también puede depender de cuánto le lleve entrar en un estado mental relajado que le permita enfocarse lo suficientemente bien para enfrentar el problema.

Planifique cuánto tiempo le llevara así puede preparase de antemano para estar en el mismo lugar hasta terminar, sin interrupciones como: estar hambriento, chicos entrando a la sala, descansos para ir al baño, etc.

UBICACIÓN: Encontrar un espacio limpio, silencioso y cómodo para meditar

Encuentre un lugar en el que pueda relajarse totalmente y limpiar su mente sin interrupciones. Esto puede ser en cualquier lado que se sienta cómodo y le permita llegar al estado mental relajado. Podría ser en el césped en un parque, en su habitación en casa, en su baño, en una habitación vacía o solo en su auto. Esto depende completamente de usted. Asegúrese de no elegir un lugar donde tenga trabajo cerca o un celular que suene o vibre constantemente. ¡APAGUE SU CELULAR! Es imposible conseguir los resultados esperados de la meditación si tiene distracciones constantes, y hoy en día los celulares son una fuente principal de distracción e interrupciones.

La ubicación que elija debería tener estas cosas en común: ser tranquila, limpia, fresca (una temperatura muy caliente lo hará dormir, y una muy fría hará que quiera levantarse y moverse) y libre de distracciones

PREPARACIÓN: Prepare su cuerpo para meditar
Antes de meditar asegúrese de hacer lo que necesite para poner su cuerpo listo y relajado. Esto podría ser tomando una ducha, estirando, poniéndose ropa cómoda, etc.
Asegúrese de comer al menos 30 minutos antes de empezar así no se siente ni muy hambriento, ni muy lleno. Una comida magra sería ideal para ayudarlo a prepararse de antemano.

PRECALIENTE: Haga un poco de yoga o estiramiento de antemano para empezar a relajarse
Para algunos de ustedes que ya han hecho yoga en el pasado, saben qué relajante puede ser. Aquellos que no han empezado a hacer yoga, sería un buen momento de empezar, ya que lo ayudará a relajarse mejor y calmarse. No es necesario hacer yoga antes de meditar, pero ayuda para maximizar los efectos y acelerar el proceso de relajación para ponerlo en el correcto estado mental. Otra buena alternativa es el estiramiento, ya que combinado con algunos ejercicios de respiración, ayudará a calmarlo y sentirse más a gusto.

MENTALIDAD: Haga respiración profunda para empezar a calmarse
Respirar es fácil pero practicar técnicas de respiración lleva más tiempo. Los beneficios de practicar técnicas de respiración son muchos.
La mayoría de los atletas se encontrarán recuperándose más rápido después de momentos intensos. También notarán que son capaces de mantenerse enfocados incluso cuando no tienen aire. ¡LOS ATLETAS NECESITAN APRENDER A RESPIRAR! Los atletas necesitan enfocarse en el aire moviéndose dentro y fuera de sus pulmones, prestar atención a cómo el cuerpo se expande y contrae. Escuchar y sentir el aire moverse dentro y

fuera de la nariz y boca le ayudará a sentirse más relajado y es la forma apropiada de enfocarse en su respiración. Cada vez que inhale y exhale trate de enfocarse en llegar a un estado de relajación más y más profundo. Cada vez que el oxígeno llene sus pulmones, su cuerpo se sentirá más energizado y lleno de emociones positivas.

AMBIENTE: Agregue música meditativa o relajante solo si no se convierte en una distracción
Si la música de meditación lo ayuda a entrar en un estado de relajación, inclúyala en su sesión de meditación. Todo lo que ayude a entrar en un estado más enfocado y relajado debería ser usado, incluyendo música.
Si siente que es capaz de limpiar su mente mejor sin sonidos o música, entonces no la agregue a su ambiente. Normalmente no agrego música, simplemente porque encuentro que la misma me lleva a otras direcciones a las que no siempre quiero ir, ya que algunas canciones me recuerdan a otros pensamientos e ideas. Esto me sucede a mí, pero quizás la música es buena para usted. Intente ambas opciones para ver qué funciona mejor para usted. A algunos atletas les gusta escuchar música antes de competir ya que sienten que los relaja o los pone el estado de ánimo adecuado. Encuentre lo que funcione para usted y manténgalo.

POSICIONES DE MEDITACIÓN

Cuando de posiciones de meditación se trata, básicamente depende de usted. No hay una posición buena o mala, solo una que lo pone en un mejor estado de concentración. Para algunos sentarse en una silla es genial por el soporte a la espalda, mientras otros prefieren estar más cerca del suelo y decidirán sentarse sobre una toalla.
Para aquellos menos flexibles, la posición de loto podría ser algo que quiera evitar o esperar para intentar, ya que lo hará sentir demasiado incómodo para sostener durante un período de tiempo largo. Nuevamente, asegúrese de poder quedarse en la misma posición por el período de tiempo que planee meditar, o escoja una nueva posición.

Posición sentada
Para la posición de sentado, simplemente encuentre una silla en la que sienta que le permitirá enfocarse sin hacerlo sentir demasiado incómodo o relajarlo demasiado para sentirse soñoliento. Asegúrese de tener su espalda derecha mientras esté sentado y de que sus pies toquen el suelo, ya que no querrá finalizar su sesión de meditación con dolor de espalda. Algunos prefieren agregar una almohada a su silla para sentirse más cómodos.

Arrodillado en el piso
Sáquese sus zapatos y medias si quiere y arrodíllese en el piso. Trate de hacerlo sobre una alfombra suave o una toalla doblada, para tener sus pies apuntando hacia atrás y su cadera directamente arriba de los talones. Su espalda debería estar derecha y relajada para permitir que sus pulmones se expandan y contraigan tanto como sea necesario. Querrá crear

una conexión fuerte mediante la respiración y para hacer esto, el aire debe entrar y salir de sus pulmones en un movimiento fluido.

Posición birmana
La posición birmana es similar a una posición de estiramiento de mariposa pero con un cambio en la posición de los pies. Siéntese en el piso y abra sus piernas, luego doble sus rodillas mientras lleva sus pies hacia la parte interior de sus piernas. Un pie debería estar en frente del otro. Cuando esté en esta posición, trate de mantener sus rodillas lo más bajas que pueda. Si se siente incómodo, elija otra posición, ya que hay muchas opciones. Sus manos deberían estar a cada lado o juntas cruzando los dedos. Su espalda debe estar derecha y su frente levemente hacia arriba para permitirle tomar aire y largarlo de manera completa. Esta es una posición de meditación avanzada, asique no es necesario empezar con ella a menos que se sienta completamente relajado en ella.

Posición de loto
La posición de loto es muy similar a la birmana pero con una pequeña alteración. Necesitará poner sus pies arriba de sus muslos. Sus manos deberían estar a cada lado o con los dedos cruzados.
Mis rodillas se sienten incómodas en esta posición, asique no la uso para mis sesiones de meditación, pero usted es libre de probarla mientras no cause dolor. No quiere que el dolor le quite la atención del objetivo de respiración enfocada y calma. Si no le gusta esta posición, simplemente elija otra.

Posición recostada

Recuéstese en la alfombra, toalla o manta y relaje sus pies y manos. Sus manos deberían estar a cada lado y sus pies apuntando hacia arriba o afuera. Sus manos pueden ubicarse también sobre su estómago de forma gentil pero firme. Su cabeza necesita apuntar al techo o cielo. Si la mueve hacia un lado o el otro, no le permitirá mantenerse enfocado por largos períodos de tiempo, y quizás incluso termine con tensión en el cuello. Es una gran posición para meditar (cuando se hace correctamente), mientras no se duerma. Si este es su problema, simplemente elija otra posición.

Posición mariposa

En esta posición necesitará sentarse en su alfombra o toalla, abrir sus piernas y luego llevar sus pies juntos, para que las plantas se toquen entre sí. Sus rodillas podrán irse para arriba, o quizás sea capaz de bajarlas hasta el piso: no importa mientras se sienta cómodo y pueda relajarse. Asegúrese de que su espalda esté derecha y balanceada.

CAPÍTULO 6: MEDITAR PARA MAXIMIZAR LOS RESULTADOS DE MARATÓN

Meditar para alcanzar su potencial máximo dependerá en su habilidad para enfocarse en un pensamiento o problema y mantenerse enfocado por el tiempo necesario para resolverlo o hasta encontrar su objetivo. Esto creará confianza y auto-convicción para tareas futuras que pueda necesitar llevar a cabo. Cuando medite y quiera alcanzar resultados máximos. Necesitará seguir estos pasos exactos cada vez. Si cambia o elimina algún paso, terminará por cambiar el resultado de la sesión de meditación.

Estos pasos son:
1st: Encuentre un lugar tranquilo donde no vaya a ser molestado.

2nd: Ponga una alfombra, toalla, manta o silla en el lugar que esté planeando meditar.

3rd: Asegúrese de haber ingerido una comida ligera o un aperitivo una hora antes de meditar.

4th: Elija una posición en la cual esté cómodo por la sesión entera. Esto puede ser: sentado en una silla, recostado en una alfombra, en posición birmana, de loto o de mariposa, arrodillado en una alfombra, o cualquier otra posición de meditación cómoda mencionada anteriormente.

5th: Comience su patrón de respiración. Si quiere calmarse y relajarse, debería escoger exhalar más aire del que inhala (excepto si hace meditación de atención plena, ya que no debería intentar controlar su respiración sino simplemente sentir el aire moviéndose dentro y fuera de sus pulmones). Por ejemplo, inhale por 4 segundos y luego exhale por 6 segundos. Cuando trate de energizarse porque se siente demasiado relajado o recién se levantó, generalmente se inhala más que lo que se exhala, en un rango que puede decidir de antemano. Por ejemplo, inhale por 5 segundos y exhale por 3. Recuerde que cada secuencia de respiración debe ser repetida por lo menos 4 a 6 veces para permitir que su respiración reduzca su mente y lo meta en un estado de calma para meditar mejor. Para todos los patrones de respiración, inhalará por la nariz y exhalar por la boca, excepto en la atención plena que será todo a través de la nariz.

6th: Cuando termine de completar sus patrones de respiración de la forma explicada en el capítulo al respecto, debería empezar a enfocarse en algo que quiere obtener, lograr o simplemente ver en su mente. Enfóquese en esto por el mayor tiempo posible. Las sesiones cortas le dan resultados de corta duración, mientras sesiones más largas tienden a ayudarlo a mantener este nivel de concentración incluso después de terminar de meditar. Todos los atletas saben que cuando es tiempo de desempeñarse (especialmente bajo presión), necesitan estar enfocados y ser capaces de hacerlo por períodos largos de tiempo sin perder la concentración, lo que les permitirá superar la competición. **¡Esta es la diferencia entre los campeones y el resto!**

7th: Este pensamiento debería ahora evolucionar en una película mental corta o larga que crea en su mente para ayudarlo a alcanzar lo que quiere primero, con el objetivo de eventualmente hacerlo suceder en una situación de la vida real. Sea tan específico como le sea posible y manténgase relajado durante el proceso. Este séptimo paso agrega visualización al proceso, pero no hay nada malo con eso ya que solo puede beneficiarlo, pero es necesario si quiere mantenerlo simple.

8th: Los atletas necesitan usar la respiración para finalizar las sesiones de meditación de la misma forma que comenzaron. Si no necesita competir en el mismo día, puede usar patrones de respiración lentos como el ejemplo siguiente:

Patrón de respiración normal-lento: Empiece inhalando aire por su nariz lentamente y contando hasta 5. Luego, exhale contando hacia atrás desde 5 a 1. Debería repetir este proceso 4 a 10 veces hasta que se sienta completamente relajado y listo para meditar. Los atletas deberían enfocarse en inhalar por la nariz y exhalar por la boca en este tipo de patrón de respiración.

Si tiene que competir ese día, debería energizar su mente y cuerpo al final usando patrones de respiración rápidos como el ejemplo siguiente:

Patrón de respiración normal-rápido: Empiece inhalando aire por la nariz lentamente y contando hasta 5. Luego exhale lentamente contando de 3 a 1. Debería repetir este proceso 6 a 10 veces hasta que se sienta completamente relajado pero energizado. Los atletas deberían enfocarse en inhalar por la nariz y exhalar por la boca en este tipo de patrón de respiración.

CAPÍTULO 7: TÉCNICAS DE VISUALIZACIÓN PARA MEJORES RESULTADOS DE MARATÓN

Los 3 tipos principales de técnicas de Visualización:

Hay muchos tipos de visualizaciones que pueden ser realizados. Tres tipos comunes son las visualizaciones de motivación, de resolución de problemas y orientadas a objetivos.

Los atletas en todos los campos suelen utilizar visualizaciones en una u otra forma a veces sin saber que lo están haciendo. Para algunos, se hace mientras despierto, lo que se conoce como soñar de día, y para otros esto podría suceder en sus sueños, pero sin control sobre el resultado.

Cuando está visualizando, está en control de todo lo que está viendo en su mente y puede diseñar el principio y el final de cualquier forma que quiera. Ser creativo es útil ya que las cosas no siempre salen de la forma en que las planeamos en la vida real, pero prepararse mental y emocionalmente para todos los resultados posibles, hace que las cosas se vuelvan más fácil de manejar a la hora de desempeñarse. El término "pico de desempeño" se utiliza cuando está "en la zona" y en su mejor momento. Es fácil desempeñarse en su pico cuando ha preparado su mente mediante visualizaciones.

¿Por qué visualizar para motivarse?

Algunos tienen problemas para encontrar la motivación correcta bajo presión para hacer lo que se supone estén haciendo en vez de ser intimidados por su alrededor y la gente que los mira. Motivándose mediante visualizaciones y diciéndose a usted mismo que tiene que hacerlo mejor e intentar más a medida que ve los pensamientos que desea realizar en su mente, desbloqueará las posibilidades cerebrales para superar el miedo, ansiedad, nerviosismo y presión involucrados a la hora de competir.

¿Qué son las visualizaciones de solución de problemas?

Las visualizaciones de resolución de problemas son una forma común de entrenamiento mental y pueden ser las más útiles de todas las técnicas de visualización. Usualmente, los atletas se dan cuenta de que siguen repitiendo los mismos errores para llegar al mismo resultado. Esto es porque necesitan tomarse el tiempo para analizar la situación y buscar todas las soluciones posibles a sus problemas. Simplemente encontrar tiempo para visualizar será tiempo bien gastado cuando necesita resolver un problema específico. Tener demasiadas distracciones durante el día, mentales y visuales, puede ralentizar la velocidad a la cual podría encontrar una solución a lo que desearía corregir. Podría ser un hábito que ha tomado del que puede deshacerse. Podría también ser que hace lo peor cuando más importa. Otras veces puede ser que pierda la calma o se vuelva más emocional, cuando necesita mantenerse calmado

Hay muchas situaciones posibles en las que un atleta puede estar y no saber cómo acercarse a ellas es la razón principal por la cual el éxito se retrasa o nunca llega.

El primer paso es encontrar el tiempo para la visualización y la resolución de problemas.

El segundo paso a la solución de problemas es determinar cuál es el problema y cómo lo afecta a usted.

El tercer paso es encontrar soluciones alternativas que lo lleven en la dirección correcta o eliminen el problema. En algunos casos, necesitará preguntar a otros que han estado en situaciones similares para averiguar cómo se acercaron al problema y si su solución es una opción para usted.

El cuarto paso es visualizar cómo podría llevar a cabo esta solución físicamente y hacerla tan vívida como pueda.

El quinto paso es hacer correcciones cuando mentalmente ha visto que no funcionará, y buscar alternativas. Puede también simplemente aplicar la solución en la vida real y si no funciona, volver a visualizar para encontrar una mejor. Esto es un método de "probar y errar" más que técnica de visualización, pero puede ser usado como una herramienta práctica cuando llega a ello combinándolo con visualizaciones.

¿Qué son las visualizaciones orientadas a objetivos?

Las visualizaciones orientadas a objetivos son imágenes y videos mentales que querrá crear en su mente mientras visualiza, que se enfocan en alcanzar un objetivo específico. Esto puede ser: ganar una competición, mejorar los tiempos, entrenar más horas al día, agregar cantidad "X" de proteína a su dieta, no cansarse tanto (algunos de estos son objetivos basados en resultados y otros en desempeño. Ambos son importantes cuando planea su sesión de visualización y progreso futuro como atleta).

Para esto es que entrena físicamente. Para ver resultados al final de todo el trabajo duro. Usar la visualización completa el entrenamiento haciendo la parte última y más importante de prepararlo para competir. Usted prepara su mente y cuerpo para desempeñarse lo mejor posible cuando más importa. La nutrición y el entrenamiento físico prepararán su cuerpo. La meditación, patrones de respiración y visualizaciones prepararán su mente. La combinación de ambos le dará la ventaja competitiva más grande y eso es lo que usted quiere.

CAPÍTULO 8: TÉCNICAS DE VISUALIZACIÓN: VISUALIZACIONES MOTIVACIONALES

Aprendiendo a inspirarse

Inspirarse viéndose ser exitoso mediante visualizaciones es una gran imagen para experimental y un efecto maravilloso que la visualización puede crear en su vida. Aprenda a inspirarse y creer que las cosas son posibles en su vida porque lo son. Los atletas usualmente se limitan porque no sueñan lo suficientemente grande. Con un poco de planeamiento y disciplina, muchas cosas son posibles sin importar lo difíciles que puedan parecer.

¿Qué son las visualizaciones motivacionales?

Las visualizaciones motivacionales son imágenes mentales que creará donde se ve a usted mismo teniendo confianza, radiante y exitoso. Inspirarse a través de una imagen positiva propia es potente y puede tener un efecto dominó en otras partes de su vida.

Debería imaginarse alcanzando un objetivo cuando visualiza. Estas son algunas preguntar qué querrá preguntarse cuando se prepara para realizar visualizaciones motivacionales:
- ¿Cómo le gustaría vestirse para competir si pudiese elegir cualquier uniforme, ropa o atuendo?
- ¿Cómo caminaría antes de competir si tuviera toda la confianza del mundo?
- ¿Cuál sería el ambiente perfecto para competir?
- ¿Qué expresiones faciales haría si ganase?

- ¿Cómo se vería si perdiera 10 libras de grasas y fuera más musculoso, rápido y explosivo?
- ¿Cómo se vería si se sintiera con confianza?
- ¿Qué haría si ganara la competencia o alcanzara su objetivo?

Viéndose a usted ser exitoso con el objetivo, está tratando de desarrollar el deseo de alcanzarlo para poner tanto esfuerzo como sea posible para llegar ahí. Tener fuerza de voluntad para alcanzar sus objetivos aumentará las posibilidades de abrirse paso y alcanzar una victoria mental que hará que una victoria real sea posible. Las visualizaciones motivacionales pueden ser usadas para diferentes propósitos en su vida personal, que pueden mejorar su desempeño general en su vida atlética también, especialmente si está intentando dejar un vicio como fumar, alcohol, enojo incontrolable, miedo, comer de más, ir de fiesta, juegos de azar, etc.

CAPÍTULO 9: TÉCNICAS DE VISUALIZACIÓN: VISUALIZACIONES DE RESOLUCIÓN DE PROBLEMAS

Las visualizaciones deberían llevarse a cabo de manera correcta y dirigidas a las mejores técnicas de resolución de problemas. Por esta razón, determinar qué funcionará mejor es el paso más importante, y por ello veremos cómo la mayoría de los atletas se acercan a sus problemas.

¿Cómo se acercan los atletas a la resolución de problemas?

Hay muchas formas en que los atletas se acercan a sus problemas e intentan resolverlos. "Intentar" es la palabra clave. Estos son los ejemplos más comunes:

La solución al enojo

Se enojan con sus problemas y se frustran al punto en que el cerebro ayuda poco o nada porque está vencido por las emociones negativas.

El enojo es una reacción emocional que es normal y común, pero no necesariamente una solución que traerá resultados positivos. Cuando intente resolver sus problemas, las emociones necesitan ser dejadas a un lado para poder concentrarse en el problema real que necesita ser atendido. Manejar la ira es difícil para algunos y puede llevar tiempo vencerla, pero actividades específicas como la visualización, meditación o yoga son una gran forma de empezar.

La solución al juego de la culpa
Los atletas que culpan a otros por sus errores o problemas, hacen un esfuerzo para no culparse a sí mismo. Culpar a otros es la salida fácil para justificar la falta de éxito, pero no soluciona el problema. Otros culpan al equipamiento o a lo que los rodea, sin considerar que los cambios en el clima o el ambiente afectarán a todos los atletas y no solo a uno mismo. Culpar a la falla de equipamiento es simplemente algo en lo que no debería enfocarse, ya que una preparación apropiada puede solucionar fácilmente este problema. A veces el equipamiento no tiene ninguna falla y es solo una forma de culpar a algo más que a uno mismo. Tomar responsabilidad por las acciones es lo más difícil pero también la forma más productiva de avanzar hacia una solución real.

La solución a la queja
Quejarse hace que su voz se escuche pero solo dilata el inevitable resultado de fracaso, ya que no se están tomando los pasos necesarios para arreglar la situación. Las quejas comienzan a corta edad cuando uno no recibe lo que quiere, pero lo peor que puede pasar es que se nos de lo que queremos más porque no permite que resolvamos el problema correctamente.

Aprender a hacer frente a un desempeño negativo debería ser un elemento clave en el desarrollo de fortaleza mental. Tornarse más fuerte mentalmente no sucede porque haya tenido un camino fácil hacia el éxito. Normalmente viene por no ceder a resultados negativos y el fracaso.

La solución a dejar de intentar
No hacer ningún esfuerzo para tener éxito y básicamente darse por vencido es una opción que toman algunos atletas, pero no

es una de la que estar orgullosos ya que existen muchas opciones mejores. Entrenar su mente para encontrar alternativas para el éxito en vez de darse por vencido será siempre un camino mejor y más fructífero.

La solución a repetir
El repetidor es el atleta que sigue realizando el mismo error una y otra vez, esperando un resultado diferente. Todos hemos sido víctimas de este error mental pero puede ser un punto de inflexión para aquellos que reconozcan esta falla y quieren hacer un cambio real en los resultados.
Simplemente cambiando la forma de resolver el problema es una mejora, a pesar de que no es una dirección precisa que sigue pero un camino diferente, y un camino diferente le dará una posibilidad de cambiar las cosas.

La solución al "probar y errar"
La solución al probar y errar es simplemente intentando nuevas aproximaciones al problema y viendo si son soluciones al mismo. El resultado será que eventualmente encontrará la solución correcta a su problema, pero puede llevarle más tiempo del que querría o pueda.
Este es un acercamiento mucho mejor que el mencionado anteriormente pero puede aprender a tomar mejores decisiones separando ciertos factores y condiciones de sus opciones, y eso es lo que veremos a continuación.

La solución "mejor probabilidad"
Cuando resolvemos problemas, todos sabemos que tenemos alternativas y elecciones que podemos realizar para encontrar una solución, pero saber cuál será más útil y digna de visualizar es lo que importa más.

Usar probabilidades le ayuda a cuantificar aquello que está tratando de resolver en su mente.

Por ejemplo, si encuentra que cada vez que calienta se pone nervioso pero no sabe por qué. Eventualmente, una vez que completa su calentamiento los nervios se van y se siente bien. Ahora sabe que enfocarse en visualizar su desempeño actual solo contaría por menos del 10% del problema, ya que sabe que el calentamiento es el 90% del mismo. Puede trabajar en su desempeño mentalmente pero encontrar una solución a su problema le proveerá con los resultados más valuables.

Otro ejemplo sería si se da cuenta que cada vez que está en una situación de presión, se congela y desempeña mal. Ese momento clave cuenta como el 100% de los resultados basados en actuaciones pasadas. Como representará el cambio más grande que quiere lograr, debería enfocarse 100% en sus sesiones de visualización para encontrar soluciones a ese momento clave. De esta forma será más productivo con su tiempo. Enfocarse en lo que más importa hará el cambio más grande, asique aprenda a concentrarse y dirigir sus visualizaciones hacia lo que lo ayudará más y no lo que no es importante.

CAPÍTULO 10: TÉCNICAS DE VISUALIZACIÓN: VISUALIZACIONES ORIENTADAS A OBJETIVOS

Objetivos basados en desempeño versus objetivos basados en resultados

Antes de comenzar una visualización orientada a objetivos debería tener una imagen clara de lo que quiere ganar con la visualización y cuál es el mejor camino para llegar a eso.

¿Qué son los objetivos basados en desempeño?

Los objetivos basados en desempeño son objetivos simples que pueden ser alcanzados haciendo cosas que usted sabe para ser exitoso. Estas pueden ser mentales o físicas. No mirar a la competición o familiares y amigos mientras se desempeña es un gran ejemplo de un objetivo basado en desempeño que puede tener para usted. Si es capaz de alcanzar ese objetivo luego de competir, entonces habrá logrado lo que se propuso y estará mucho más cerca de alcanzar los objetivos basados en resultados.

Otro ejemplo de un objetivo basado en desempeño es enfocarse en quedarse calmado y respirar durante una competición. Alcanzar este objetivo será finalmente su objetivo. Lograrlo le ayudará a acercarse a ser exitoso y descubrir su potencial. Es simple y fácil obtener un objetivo del que tiene 100% control. Si no lo hace la primera vez, sabe que debe seguir intentando y eventualmente y una vez que llegue, podrá crear un nuevo y más difícil objetivo basado en desempeño.

Estos son otros ejemplos de objetivos de desempeño que pueden tener los atletas:

- Hacer 1 flexión más por día
- Estirar por 10 minutos al día
- Inhalar y exhalar bajo presión
- Enfocar la vista en la tarea y no en el alrededor
- Mantenerse calmo cuando el desempeño es malo
- Mantenerse energizado cuando siente que se congela frente a situaciones difíciles.

Puede crear su objetivo basado en desempeño propio y hacerlo más difícil mientras sea alcanzable.

¿Qué son los objetivos basados en resultados?

Los objetivos basados en resultados son objetivos que hace para usted mismo, enfocados en los resultados y no en el proceso para llegar a ellos. Algunos ejemplos son ganar, llegar a la final de la competición, levantar "x" peso, tener el mejor tiempo, terminar primero, etc. Los atletas pueden tener diferentes objetivos y llegar al mismo resultado.

Algunos ejemplos de objetivos basados en resultados que tienen los atletas son:
- Ganar 5 campeonatos antes de fin de año
- Romper un record mundial
- Terminar primero en su país
- Ganar la primer medalla o trofeo
- Ayudar a su equipo a su primer final
- Saltar más alto que nunca
- Correr su mejor tiempo
- Nadar más rápido que nunca
- Llegar a la meta antes que nadie

Los objetivos basados en resultados son el resultado de la incrementación consistente, organizada y gradual de los objetivos de desempeño.

Cuando visualiza, necesita visualizar éxito en alcanzar sus objetivos de desempeño y resultados. Puede alternar días pra enfocarse en uno y el otro, o simplemente enfocar en objetivos basados en desempeño primero y una vez que sienta que los alcanza cómodamente, avanzar hacia los objetivos basados en resultados.

Tener objetivos es clave para avanzar y debería ser visualizado al menos una vez por semana, para tener una imagen clara de lo que está tratando de alcanzar con el entrenamiento. Es la mejor forma de avanzar y verse mejorar a través del proceso. Sin objetivos no tendrá un camino que seguir hacia el éxito. Hágase un mapa de ese camino en su cabeza mediante visualizaciones y luego hágalo realidad mediante la puesta en práctica cuando entrena o compite.

CAPÍTULO 11: TÉCNICAS DE RESPIRACIÓN PARA MAXIMIZAR SU EXPERIENCIA DE VISUALIZACIÓN Y MEJORAR SU DESEMPEÑO

Los patrones de respiración serán la clave para establecer el ritmo de su sesión de visualización y meterse en un estado hiper enfocado. Cuando visualiza, desea prestar atención a los patrones de respiración y dirigirlos a través de su sesión. Todos los patrones de respiración deben ser realizados inhalando por la nariz y exhalando por la boca.

Con el fin de entrar en un estado más relajado, su ritmo cardíaco necesita bajar, y para hacer esto respirar será esencial. Los patrones que use facilitarán este proceso para ayudarlo a alcanzar niveles mayores de concentración. Con práctica, estos patrones de respiración serán naturales para usted. Decida de antemano si los patrones lentos son mejores para usted o los rápidos. Los lentos lo relajan y los rápidos lo energizan.

PATRONES DE RESPIRACIÓN LENTA

Para ralentizar su respiración querrá inhalar lentamente y por un período largo de tiempo, y luego exhalar también lentamente. Para los atletas, este tipo de respiración es buena para relajarse luego de entrenar o una hora antes de competir. Tener diferentes proporciones de inhalación y exhalación afectará su nivel de relajación, y su habilidad de alcanzar un óptimo nivel de visualización.

Patrón de respiración normal-lento: Empiece inhalando por la nariz lentamente y contando hasta 5. Luego exhale contando de 5 a 1. Debería repetir este proceso 4 a 10 veces hasta que se sienta completamente relajado y listo para centrarse. Los atletas deberían inhalar por la nariz y exhalar por la boca.

Patrón de respiración lenta extendida: Empiece inhalando por la nariz lentamente y contando hasta 7. Luego exhale contando de 7 a 1 por la boca. Debería repetir este proceso 4 a 6 veces hasta que se sienta relajado y listo para centrarse.

Patrón de respiración lenta para atletas hiperactivos: Empiece inhalando lentamente y contando hasta 3. Luego exhale contando de 6 a 1 por la boca. Debería repetir este proceso 4 a 6 veces hasta que se sienta relajado y listo para centrarse. Este patrón lo forzará a ir más despacio completamente. La última repetición de esta secuencia debería terminar con 4 segundos de inhalación y 4 de exhalación para estabilizar su respiración.

Patrón de respiración ultra lento: Empiece inhalando lentamente y contando hasta 4. Luego exhale por la boca contando de 10 a 1. Debería repetir este proceso 4 a 6 veces hasta estar completamente relajado y listo para visualizar. Este patrón lo forzara a ir más despacio gradualmente. Las últimas 2 repeticiones deben ser de 4 segundos de inhalación y 4 de exhalación para estabilizar la respiración.

Patrones de estabilización de respiración antes de meditar: Este es un patrón de respiración bueno que debería ser usado si siente que ya esta calmo y quiere empezar a meditar inmediatamente. Comience inhalando y contando hasta 3. Luego exhale contando de 3 a 1. Repita el proceso 7 a 10 veces hasta que se sienta completamente relajado y listo para centrarse. Inhale por la nariz y exhale por la boca.

PATRONES DE RESPIRACIÓN RÁPIDA

Los patrones de respiración rápida son muy importantes para los atletas para energizarse y estar listos para competir. A pesar de que este patrón es más efectivo con la visualización, también puede ser útil para meditar. Los atletas que son muy calmos y se sienten en control de su mente, querrán usar estos patrones para estar listos para visualizar.

Patrón de respiración normal-rápido: Empiece inhalando por su nariz lentamente y contando hasta 5. Exhale por la boca contando de 3 a 1. Debería repetir este proceso 6 a 10 veces hasta que se sienta completamente relajado y listo para visualizar. Inhale por la nariz y exhale por la boca.

Patrón de respiración rápida prolongada: Empiece inhalando por la nariz lentamente y contando hasta 10. Exhale por la boca contando de 5 a 1. Debería repetir este proceso 5 a 6 veces hasta que se sienta completamente relajado. Si tiene problemas en llegar hasta 10, baje a 7 u 8. Inhale por la nariz y exhale por la boca.

Patrón de respiración rápido pre-competición: Empiece inhalando por la nariz lentamente y contando hasta 6. Exhale rápidamente por la boca. Debería repetir este proceso 5 a 6 veces hasta que se sienta completamente relajado y listo para centrarse. Puede agregar 2 repeticiones a esta secuencia con 4 segundos de inhalación y 4 de exhalación para estabilizar su respiración.

Todos estos tipos de patrones de respiración mejoran el rendimiento y pueden ser usados durante la competencia dependiendo de su nivel de energía o nerviosismo.

Los atletas que se ponen nerviosos antes de la competición, deberían usar patrones de respiración lenta.

Los atletas que necesitan energizarse antes de competir, deberían usar los patrones de respiración rápida.

En caso de ansiedad, una combinación de ambos patrones le dará resultados óptimos.

Durante las sesiones de entrenamiento o competición, si se siente exhausto o sin aire, use el patrón de respiración normal-rápido para ayudar a recuperarse más rápido.

Los patrones de respiración son una gran forma de controlar los niveles de intensidad, que le ayudarán a ahorrar energía y le permitirán recuperarse más rápido.

COMENTARIOS DE CIERRE

Tener un entrenamiento y nutrición organizados, y un plan de fortaleza mental, puede hacer la diferencia. Tomarse el tiempo para trabajar y mejorar cada aspecto de este libro le dará los mejores resultados y le permitirá a su cuerpo adaptarse a esta nueva y mejor forma de preparación. No saber qué hacer o cómo empezar a hacer un cambio es la razón más común la mayoría de la gente no mejora su desempeño después de cierto punto. Este libro lo guiará a través de las partes más importantes de un programa de entrenamiento completo, y le permitirá alcanzar un nuevo usted "EXTREMO".

OTROS GRANDES TÍTULOS DE ESTE AUTOR

PEAK PERFORMANCE SHAKE AND JUICE RECIPES FOR

MARATHON RUNNERS

IMPROVE MUSCLE GROWTH AND DROP EXCESS FAT TO LAST LONGER AND IMPROVE YOUR TIME!

By
JOSEPH CORREA
Certified Sports Nutritionist

Made in the USA
Middletown, DE
11 October 2023

40595432R00139